Andreas Berl

Bewertung deutscher Aktienrenditen mit der Arbitrage Pricing Theory

Grundlagen von APT-Modellen
sowie praktische Anwendung

Bibliografische Information der Deutschen Nationalbibliothek:

Die Deutsche Nationalbibliothek verzeichnet diese Publikation in der Deutschen Nationalbibliografie; detaillierte bibliografische Daten sind im Internet über http://dnb.d-nb.de abrufbar.

Impressum:

Copyright © Science Factory 2020

Ein Imprint der GRIN Publishing GmbH, München

Druck und Bindung: Books on Demand GmbH, Norderstedt, Germany

Covergestaltung: GRIN Publishing GmbH

Inhaltsverzeichnis

Abbildungsverzeichnis IV

Tabellenverzeichnis V

Abkürzungsverzeichnis VI

Formelverzeichnis VII

Symbolverzeichnis VIII

1 Einleitung 1

2 Theoretische Grundlagen der Arbitrage Pricing Theory 3

   2.1 Einführung in die Theorie 3

   2.2 Vergleich zu anderen Kapitalmarktmodellen 9

   2.3 Kritik an der APT 12

   2.4 Bisherige Forschungsergebnisse 14

3 Aufbau des Modells 16

   3.1 Ermittlung der Aktienrenditen 16

   3.2 Ermittlung der Faktorzeitreihen 21

   3.3 Regressionen und Regressionsdiagnostik 34

4 Analyse und Interpretation der Ergebnisse 39

5 Fazit und Ausblick 44

Anhang 48

Literaturverzeichnis 73

   Internetquellen 76

Abbildungsverzeichnis

Abbildung 1: Darstellung autokorrelierter Aktienrenditen..21

Abbildung 2: Kursverlauf und Änderungsrate - Industrielle Produktion.......................23

Abbildung 3: Kursverlauf und Änderungsrate - Wechselkurs...25

Abbildung 4: Kursverlauf und Änderungsrate - ifo Geschäftsklimaindex......................26

Abbildung 5: Kursverlauf und Änderungsrate - Zinsstruktur...27

Abbildung 6: Kursverlauf und Änderungsrate - Marktindex..28

Abbildung 7: Darstellung der unerwarteten Faktoränderungen......................................32

Abbildung 8: Korrelationsmatrix der unerwarteten Faktoränderungen........................33

Tabellenverzeichnis

Tabelle 1: Übersicht von APT-Untersuchungen des deutschen Kapitalmarkts 15

Tabelle 2: ARIMA-Spezifizierungen 31

Tabelle 3: Ergebnisse der Querschnittsregressionen 40

Tabelle 4: Ergebnisse der univariaten Querschnittsregressionen 42

Tabelle 5: Forecast des Marktindex 46

Abkürzungsverzeichnis

ADF	Augmented-Dickey-Fuller
AG	Aktiengesellschaft
AIC	Akaike Information Criterion/akaikes Informationskriterium
APT	Arbitrage Pricing Theory/Arbitragepreistheorie
ARIMA	autoregressive integrated moving average
CAPM	Capital Asset Pricing Model
CDAX	Composite DAX
CMA	conservative minus aggressive
CSV	comma-separated values
DAX	Deutscher Aktienindex
DDM	Dividend Discount Model/Dividendendiskontierungsmodell
ESG	Environment Social Governance
EWK	Wechselkurs des Euro
EZB	Europäische Zentralbank
HML	high minus low
MDAX	Deutscher Aktienindex für mittelgroße Unternehmen
RMW	robust minus weak
SDAX	Deutscher Aktienindex für kleine Unternehmen
SE	Europäische Aktiengesellschaft
SMB	small minus big
TecDAX	Deutscher Aktienindex für Technologiewerte
VIF	Varianzinflationsfaktor

Formelverzeichnis

Formel 1: Darstellung der APT 4

Formel 2: Dividendendiskontierungsmodell 6

Formel 3: Erwartete Rendite innerhalb eines APT-Modells 8

Formel 4: APT-Berechnungsbeispiel 9

Formel 5: Darstellung des CAPM 9

Formel 6: Logarithmierte Renditeberechnung 18

Formel 7: Zeitreihenregression 35

Formel 8: Querschnittsregression 36

Formel 9: Erwartete Rendite der Adidas AG 41

Symbolverzeichnis

α	Alpha	(Signifikanzniveau/y-Achsenabschnitt)
β	Beta	(Betafaktor/Steigungsparameter)
γ	Gamma	(Risikoprämie)
δ	Delta	(Änderungsrate)
ε	Epsilon	(Störterm)
λ	Lamda	(Risikoprämie)

1 Einleitung

Wer sich als Privatanleger über die aktuelle Börsensituation informieren will, wird nicht selten auf Artikel und Beiträge stoßen, die eine Analyse der künftigen Kursentwicklungen vermuten lassen.[1] Dabei nehmen Zeitungen oder entsprechende Online-Plattformen Bezug auf aktuelle Geschehnisse in den Bereichen Wirtschaft und Politik, die zumindest so bedeutend scheinen, dass sie die Nachfrage nach Aktien von bestimmten Unternehmen beeinflussen könnten. Dies kann einerseits zum Beispiel bei überdurchschnittlich positiven Quartalszahlen zu einem Nachfrageanstieg und somit zu steigenden Aktienkursen führen. Andererseits können negative Nachrichten, die zum Beispiel der Reputation eines Unternehmens schaden, zu einem schlagartigen Kursrutsch führen, wenn sich eine bedeutende Anzahl an Aktionären aufgrund des Ereignisses nicht mehr mit dem Unternehmen identifizieren kann.[2] In diesen einfachen Beispielen zeigt sich bereits, dass es einen Zusammenhang zwischen Aktienkursen und dem Kauf- beziehungsweise Verkaufsverhalten von Anlegern gibt. Ohne eine tiefergehende Betrachtung könnte man aus diesen Überlegungen heraus vermuten, dass sich ein Aktienkauf bei Bekanntwerden positiver Nachrichten kurzfristig lohnt, da sich der Kurs um den „Wert dieser Information" anpassen müsste. Jedoch kann man in der heutigen Zeit davon ausgehen, dass die Kapitalmärkte eine gewisse Informationseffizienz aufweisen.[3] Das bedeutet, dass neue Informationen unmittelbar am Kapitalmarkt eingepreist werden. Dazu hat auch die Globalisierung einen großen Teil beigetragen, da relevante Informationen sofort weltweit verfügbar sind und die Marktteilnehmer somit unmittelbar reagieren können.[4] Die Kapitalmarktforschung hat außerdem ergeben, dass Aktienkurse in der Regel einem Random Walk unterliegen und somit nicht vorhersagbar sind.[5]

Für das Zusammenstellen eines Anlageportfolios ist es jedoch von Bedeutung, den Trade-Off zwischen Risiko und Rendite zu quantifizieren. Aus diesem Grund

---

[1] Siehe beispielsweise die Teile „Finanzen & Börsen" und „Private Geldanlage" des Handelsblatts oder die Rubrik „Was die Märkte heute bewegt" von Finanzen100 (Börsenportal von Focus Online).
[2] Als Beispiel sei hier der Dieselskandal genannt, der den Aktienkurs von VW massiv einstürzen ließ.
[3] Die Diskussion um die Kapitalmarkteffizienz und deren Abstufungen stellt ein eigenes Forschungsfeld in der Literatur dar und soll hier nicht weiter vertieft werden.
[4] Vgl. *Steiner, M. et al.*, Wertpapiermanagement, S. 41.
[5] Vgl. *Spremann, K.*, Modern Finance, S. 233.

wurden im Laufe der Zeit verschiedene Kapitalmarktmodelle entwickelt, die das Ziel haben, den Prozess der Renditegenerierung von risikobehafteten Wertpapieren zu analysieren und durch diese Erkenntnisse auch Prognosen für die Zukunft abzugeben. Zwei der bekanntesten Modelle sind das Capital Asset Pricing Model (CAPM) und die Arbitrage Pricing Theory (APT).[6]

Da in der jüngsten Vergangenheit keine umfassenden empirischen Untersuchungen für den deutschen Kapitalmarkt angestellt wurden, soll mit der vorliegenden Arbeit ein Beitrag zur Aktualisierung der APT-Anwendung geleistet werden. Dafür werden nach der Einleitung die grundlegenden Annahmen, die Funktionsweise der APT sowie der aktuelle Stand der Forschung dargelegt. Den Hauptteil der Arbeit bilden die Beschreibung des Aufbaus des APT-Modells sowie die anschließende Umsetzung. Anschließend werden die Ergebnisse analysiert und bewertet. Zum Abschluss wird ein Fazit über die gewonnenen Erkenntnisse gezogen und ein weiterer Analysebedarf aufgezeigt.

Die vorliegende Arbeit erhebt keinen Anspruch auf theoretische Überprüfung beziehungsweise Validierung der APT, sondern bedient sich der Methodik, um eine praktische Analyse des deutschen Aktienmarktes durchzuführen. Das Ziel besteht in der Untersuchung der Forschungsfrage, ob deutsche Aktienrenditen aktuell durch bestimmte Faktoren erklärt werden können. Außerdem soll mit der Arbeit ein verständlicher Leitfaden zur Durchführung empirischer APT-Analysen dargeboten werden, damit in Zukunft vermehrt Untersuchungen des deutschen Kapitalmarkts angestellt werden können. Aus diesem Grund werden ausschließlich solche Quellen zur Datenbeschaffung herangezogen, die zum Zeitpunkt der Erstellung der Arbeit öffentlich zugänglich waren.

Für die Umsetzung wird neben Microsoft Excel auf die kostenlose Statistiksoftware R in Kombination mit der Benutzeroberfläche RStudio zurückgegriffen.[7] Um den Lesefluss nicht zu stören, wird kein Programmcode im Text angeführt. Die Darstellung von Formeln soll in der vorliegenden Arbeit auf ein Minimum reduziert werden, sodass nur diejenigen Formeln aufgeführt werden, die zum Verständnis der Theorie und deren Anwendung unabdingbar sind.

---

[6] Vgl. *Burmeister, E. et al.*, A Practitioner's Guide to Arbitrage Pricing Theory, S. 1.
[7] Der Download kann über *https://www.r-project.org/* erfolgen – in der vorliegenden Arbeit wurde die Version 3.6.1 verwendet.

2 Theoretische Grundlagen der Arbitrage Pricing Theory

Zum Einstieg werden in diesem Kapitel die theoretischen Grundlagen der APT behandelt, um im Anschluss einen Vergleich zu anderen Kapitalmarktmodellen anstellen zu können, die ebenfalls in ihren Grundzügen erklärt werden. Anschließend werden die größten Kritikpunkte an der APT herausgearbeitet. Abgerundet wird das Kapitel mit einem Überblick über die bisherigen APT-Untersuchungen des deutschen Kapitalmarktes.

2.1 Einführung in die Theorie

Die Arbitragepreistheorie wurde im Jahr 1976 von Stephen A. Ross begründet. Er lieferte damit eine Alternative zum Capital Asset Pricing Model – dem damals vorherrschenden Kapitalmarktmodell.[8] In seinem 20-seitigen Beitrag im Journal Of Economic Theory beschreibt er eine Vorgehensweise, die der Bewertung risikobehafteter Assets am Kapitalmarkt dient. Die Grundidee der APT liegt darin, dass Renditen risikobehafteter Wertpapiere durch verschiedene Faktoren erklärbar sind – genauer gesagt beeinflussen diese Faktoren die Kovarianzen zwischen verschiedenen Wertpapieren. Voraussetzung hierfür ist, dass die Faktoren auf mehrere Wertpapiere wirken.[9] Es soll also die Sensitivität einer Aktie gegenüber bestimmten Faktoren ermittelt und auf dieser Basis eine Risikoprämie für den jeweiligen Faktor geschätzt werden – diese setzt sich aus dem Produkt aus Risikopreisen und Risikomaßen zusammen.[10] Diese Prämie erhält der Anleger, um für das getragene Risiko eines Aktieninvestments entschädigt zu werden. Das Risiko eines Wertpapiers besteht darin, dass künftige Renditen unsicher sind und eine Abhängigkeit gegenüber den Schwankungen der Aktienkurse besteht.[11] Eine volatile Aktie weist eine höhere Schwankungsbreite und damit ein größeres Risiko auf. Dieses Risiko in Form von unsicheren Ereignissen wird durch die Volatilität beziehungsweise Standardabweichung gemessen.[12] Dabei werden die mittleren quadrierten Differenzen zwischen der tatsächlichen Renditeausprägung und dem Erwartungs-

---

[8] Vgl. *Ross, S.*, The Arbitrage Theory of Capital Asset Pricing, 1976, S. 341.
[9] Vgl. *Elton, E., Gruber, M.*, Modern Portfolio Theory and Investment Analysis, S. 374.
[10] Vgl. *Hörnstein, E.*, Arbitrage- und Gleichgewichtsmodelle in der Kapitalmarkttheorie, S. 37.
[11] Vgl. *Reilly, F., Brown, K.*, Investment Analysis and Portfolio Management, 1997, S. 280.
[12] Vgl. *Rösch, D.*, Empirische Identifikation von Wertpapierrisiken, 1998, S. 11.

wert gebildet und radiziert. Der Erwartungswert ergibt sich wiederum aus dem gewichteten Durchschnitt der möglichen Renditen in verschiedenen Szenarien.[13]

Am Kapitalmarkt kann Risiko in zwei Bestandteile unterteilt werden. Zum einen gibt es das systematische Risiko, bei dem sich zum Beispiel politische Ereignisse auf den ganzen Markt auswirken. Es besteht somit ein gesamtwirtschaftlicher Einfluss, dem alle Unternehmen ausgesetzt sind. Im Gegensatz dazu gibt es das unsystematische Risiko, worunter beispielsweise Fehlentscheidungen des Managements fallen. Durch Diversifikation können solche unternehmensspezifischen Risiken eliminiert werden.[14] Aus diesem Grund werden nur systematische Risiken mit einer Risikoprämie vergütet. Die APT nutzt nun das Zusammenspiel zwischen Risiko und der erwarteten Rendite eines Wertpapiers, um zu der in Formel 1 dargestellten Gleichung zu gelangen.

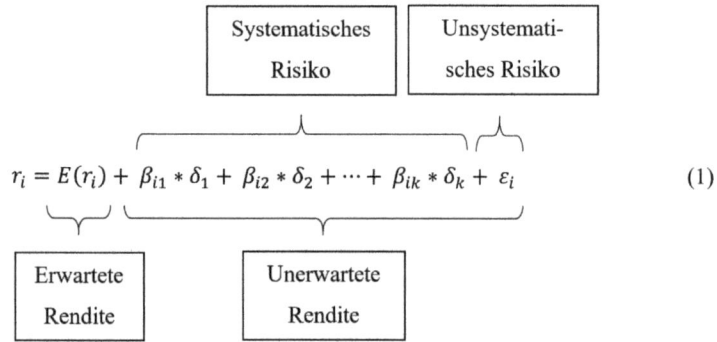

$$r_i = E(r_i) + \beta_{i1} * \delta_1 + \beta_{i2} * \delta_2 + \cdots + \beta_{ik} * \delta_k + \varepsilon_i \qquad (1)$$

Formel 1: Darstellung der APT
Quelle: In Anlehnung an Oertmann, P., Strands of the Arbitrage Pricing Theory – A lengthy note, 1996, S. 5

Die Rendite des Wertpapiers *i* lässt sich aus der Summe der erwarteten Rendite *E(r_i)* und der unerwarteten Rendite (restlicher Term) erklären. Die unerwartete Komponente besteht dabei zum einen aus dem systematischen (Markt-)Risiko, das im Rahmen der APT durch das Produkt der Änderung verschiedener Risikofaktoren und den jeweiligen Sensitivitäten des betrachteten Wertpapiers gegenüber den Faktoren beschrieben wird. Zum anderen repräsentiert der Störterm ε_i das unsystematische (wertpapierspezifische) Risiko, das bei ausreichender Diversifikation

---

[13] Vgl. *Steiner, M. et al.*, Wertpapiermanagement, S. 8.
[14] Vgl. *Steiner, M. et al.*, Wertpapiermanagement, S. 27.

als vernachlässigbar betrachtet werden kann. Die APT unterstellt nun einen linearen Zusammenhang zwischen der erwarteten Rendite eines Wertpapiers und dessen Sensitivität gegenüber den unerwarteten Änderungen der verschiedenen Risikofaktoren.[15]

Ross will in seiner Theorie mit weniger restriktiven Annahmen als beim CAPM auskommen.[16] Als Grundannahme der APT gilt die Arbitragefreiheit. Dieser Zustand liegt nur dann vor, wenn keine risikolosen Gewinne für Anleger möglich sind. Ein Arbitrageur versucht beispielsweise Kursdifferenzen eines Wertpapiers an verschiedenen Börsenplätzen auszunutzen. Wenn es ihm gelingt, das soeben am Handelsplatz A erworbene Wertpapier im nächsten (beziehungsweise selben) Moment zu einem höheren Preis am Handelsplatz B zu verkaufen, hat er einen sicheren Gewinn erzielt. In der heutigen Zeit sollte dies – selbst mit der Unterstützung modernster Technik und Algorithmen – in einem gut funktionierenden Kapitalmarkt nicht möglich sein.[17] Ross definierte ein sogenanntes Arbitrageportfolio, das sich aufgrund von Käufen und Leerverkäufen verschiedener Wertpapiere selbst finanziert und dementsprechend keine Nettoinvestition erfordert. Weiterhin wird angenommen, dass das Arbitrageportfolio kein systematisches Risiko aufweist. Das unsystematische Risiko kann als vernachlässigbar angesehen werden, da eine angemessene Diversifikation im Portfolio unterstellt wird.[18] Somit ist das gesamte Risiko des Portfolios eliminiert worden und die Rendite ist vorhersagbar. In einem arbitragefreien Markt darf mit diesem Portfolio keine Rendite generiert werden, da ansonsten risikolose Gewinne möglich wären. Diese Tatsache spiegelt sich ebenfalls im „law of one price" wider, das besagt, dass für zwei vollständig homogene Wertpapiere keine unterschiedlichen Preise bestehen dürfen.[19]

Darüber hinaus wird in der APT ein atomistischer und friktionsloser Kapitalmarkt angenommen. Demnach gibt es keine Steuern und Transaktionskosten, Informationen sind kostenlos zugänglich und Wertpapiere sind beliebig teilbar.[20] Außerdem werden ein vollkommener Markt sowie die Möglichkeit zur risikolosen Kapital-

---

[15] Vgl. *Oertmann, P.*, Strands of the Arbitrage Pricing Theory, 1996, S. 2.
[16] Eine detaillierte Diskussion dieses Themas findet sich in Kapitel 2.2.
[17] Vgl. *Oertmann,P.*, Strands of the Arbitrage Pricing Theory, 1996, S. 1.
[18] Vgl. *Ross, S.*, The Arbitrage Theory of Capital Asset Pricing, 1976, S. 342-343.
[19] Vgl. *Mondello, E.*, Finance, 2017, S. 220.
[20] Vgl. *Schneider, S.*, Kapitalmarktmodelle und erwartete Renditen am deutschen Aktienmarkt, 2001, S. 93-94.

aufnahme beziehungsweise -anlage vorausgesetzt. Des Weiteren bestehen homogene Erwartungen der Anleger in Bezug auf die Wertpapierrenditen und deren Erzeugung durch ein lineares k-Faktoren-Modell.[21]

Die APT ist der Gruppe der Faktormodelle zuzuordnen, wobei die Rendite eines Wertpapiers in eine lineare Beziehung zu bestimmten Faktoren gesetzt wird.[22]

Die intuitive Herleitung von Multifaktormodellen ergibt sich aus dem Dividendendiskontierungsmodell.[23] Die Bewertung wird in Formel 2 dargestellt.

$$V_0 = \sum_{t=1}^{n} \frac{Div_t}{(1 + r_{EK})^t} \qquad (2)$$

Formel 2: Dividendendiskontierungsmodell
Quelle: Hasler, P., Aktien richtig bewerten, 2001, S. 114

Das aus der Unternehmensbewertung bekannte dividend discount model (DDM) zinst die zukünftigen Dividenden Div_t auf den Barwert V_0 ab, um so den Wert einer Aktie zu ermitteln. Zur Abzinsung werden dabei die Eigenkapitalkosten r_{EK} verwendet. Die zwei ausschlaggebenden Werttreiber sind somit Dividenden und der Diskontierungszins.[24] Daher sollten alle Faktoren, die Einfluss auf die künftigen cash flows und Zinssätze haben, eine potentielle Rolle bei der APT spielen. Dafür kommen makroökonomische Faktoren wie zum Beispiel Inflationsraten oder mikroökonomische Unternehmensspezifika wie die Dividendenrendite eines Unternehmens in Frage.[25] Bei den mikroökonomischen Faktoren muss jedoch kritisch hinterfragt werden, ob hierin unsystematisches Risiko enthalten sein kann.[26] Die Überprüfung der ökonomischen Relevanz anhand des DDM wird ebenfalls zur Plausibilisierung der Faktorenauswahl in Kapitel 4.2 beim Aufbau des Modells angewendet.

In der Literatur werden mehrere Arten der APT unterschieden. Zunächst kann eine Unterscheidung zwischen der traditionellen APT und der Gleichgewichts-APT getroffen werden. Die ursprüngliche APT nach dem Ansatz von Ross betrachtet einen

---

[21] Vgl. *Lockert, G.*, Risikofaktoren und Preisbildung am deutschen Aktienmarkt, S. 8.
[22] Vgl. *Nowak, T.*, Faktormodelle in der Kapitalmarkttheorie, S. 14.
[23] Vgl. *Fama, E., French, K.*, A five-factor asset pricing model, S. 1.
[24] Vgl. *Hasler, P.*, Aktien richtig bewerten, S. 114.
[25] Vgl. *Hamerle, A., Rösch, D.*, Zur empirischen Identifikation von Risikofaktoren bei Modellen der Arbitrage Pricing Theory, S. 123.
[26] Vgl. *Nowak, T.*, Faktormodelle in der Kapitalmarkttheorie, S. 126.

Kapitalmarkt mit unendlich vielen Wertpapieren – die abgewandelte Gleichgewichts-APT unterstellt eine endliche Anzahl an Wertpapieren und ersetzt die Annahme der Arbitragefreiheit durch die des Marktgleichgewichts.[27] Hierfür sind jedoch weitere Annahmen in Bezug auf das Anlegerverhalten erforderlich. Darunter fällt neben dem risikoaversen Verhalten der Anleger auch deren Wunsch zur Nutzenmaximierung.[28] Es lässt sich zusammenfassen, dass im Marktgleichgewicht keine Arbitragemöglichkeiten bestehen können, da diese sofort von den Anlegern genutzt werden würden. Andererseits reicht die Annahme der Arbitragefreiheit nicht aus, um von einem Marktgleichgewicht ausgehen zu können.[29] Außerdem kann die exakte Faktorstruktur von einer approximativen Faktorstruktur abgegrenzt werden. Eine exakte beziehungsweise strikte Faktorstruktur impliziert, dass die Faktoren die Kovarianz zwischen zwei Aktien vollständig erklären können. Dafür muss jedoch die Annahme erfüllt sein, dass die Residuen keine Korrelation aufweisen. Sofern dies nicht der Fall ist und eine Korrelation zwischen den Residuen vorliegt, muss von einer approximierten Faktorstruktur ausgegangen werden, da die Kovarianzen zwischen zwei Aktien nicht vollständig erklärt werden können.[30] Im ursprünglichen Beitrag von Ross wird ein exaktes Faktormodell zugrunde gelegt, bei dem die Rendite vollumfänglich durch eine bestimmte Anzahl an Faktoren erklärt werden kann. Dennoch ist auch die schwächere Annahme des approximativen Ansatzes ausreichend.[31]

Eine Vielzahl an Möglichkeiten bietet die Erhebung beziehungsweise Auswahl der Faktoren, da diese durch die APT nicht vorgeschrieben wird. Hier kann zwischen der Faktorenanalyse und der Vorabspezifikation der Faktoren unterschieden werden. Die Faktorenanalyse bedient sich bestimmter statistischer Verfahren, um modellendogen aus den erhobenen Daten Faktoren zu extrahieren, die zur Erklärung der Aktienrenditen dienen sollen. Die Faktoren können hierbei auch eigene Portfolios darstellen, die die historischen Kovarianzen am besten erklären beziehungsweise nachbilden.[32] In der Maximum-Likelihood-Faktorenanalyse werden neben der Anzahl der Faktoren auch die jeweiligen Faktorladungen ermittelt.[33] Die

---

[27] Vgl. *Lockert, G.*, Risikofaktoren und Preisbildung am deutschen Aktienmarkt, S. 8.
[28] Vgl. *Hörnstein, E.*, Arbitrage- und Gleichgewichtsmodelle in der Kapitalmarkttheorie, S. 113.
[29] Vgl. *Hörnstein, E.*, Arbitrage- und Gleichgewichtsmodelle in der Kapitalmarkttheorie, S. 112.
[30] Vgl. *Oertmann, P.*, Strands of the Arbitrage Pricing Theory, 1996, S. 7.
[31] Vgl. *Nowak, T.*, Faktormodelle in der Kapitalmarkttheorie, S. 55.
[32] Vgl. *DeFusco, R. et al.*, Quantitative Methods for Investment Analysis, 2001, S. 599.
[33] Vgl. *Roll, R., Ross, S.*, An Empirical Investigation of the Arbitrage Pricing Theory, S. 1086.

Vorabspezifikation kann wiederum in die Verwendung makroökonomischer und mikroökonomischer Faktoren unterteilt werden. Als makroökonomische Faktoren werden klassischerweise industrielle Produktion, Inflation, Risikoprämie von Anleihen, Zinsstruktur, Marktindex, Konsum sowie Ölpreise herangezogen.[34] Als mikroökonomische Faktoren eignen sich zum Beispiel das Kurs/Gewinn-Verhältnis oder das Umsatzwachstum eines Unternehmens.[35] Auf der einen Seite werden die Faktoren bei der Vorabspezifikation vom Anwender ausgewählt und weisen somit eine höhere Subjektivität auf, als die aus den Aktienrenditen gewonnen Faktoren mittels Faktorenanalyse. In der praktischen Anwendung hingegen spricht die ökonomische Interpretierbarkeit des Modells für die Vorabspezifikation, da die Ergebnisse der Faktorenanalyse am Ende nur schwer zu verifizieren sind.[36] Generell geht die APT nicht auf die Anzahl der Faktoren ein, sondern empfiehlt lediglich, dass die Anzahl der verwendeten Faktoren bedeutend kleiner sein soll, als die Anzahl der untersuchten Aktien.[37] Dennoch scheinen mehr Faktoren benötigt zu werden, wenn sich die Anzahl der untersuchten Wertpapiere erhöht.[38]

Die erwartete Rendite aus einem APT-Modell lässt sich anhand von Formel 3 darstellen.

$$E_i = \lambda_0 + \lambda_1 * b_{i1} + \lambda_2 * b_{i2} + \cdots + \lambda_k * b_{ik} \tag{3}$$

Formel 3: Erwartete Rendite innerhalb eines APT-Modells
Quelle: *Reilly, F., Brown, K.*, Investment Analysis and Portfolio Management, 1997, S. 299

Grundsätzlich ergibt sich die erwartete Rendite aus der Summe des risikofreien Zinses (λ_0) und den mit den Sensitivitätskoeffizienten (b_{ik}) gewichteten Risikoprämien (λ_k) der verschiedenen Faktoren. Das folgende Rechenbeispiel soll dies verdeutlichen. Dabei wird der risikofreie Zins mit 0,3 % p.a. angesetzt. Für die drei Faktoren wurden Risikoprämien von 2,3 %, 0,15 % und 3,2 % ermittelt, wobei die zugehörigen Faktorsensitivitäten 1,1, 1,25 und 0,85 betragen.

---

[34] Vgl. *Chen, N. et al.*, Economic Forces and the Stock Market, S. 386-390.
[35] Vgl. *Fama, E., French, K.*, Multifactor Explanations of Asset Pricing Anomalies, S. 55.
[36] Vgl. *Hörnstein, E.*, Arbitrage- und Gleichgewichtsmodelle in der Kapitalmarkttheorie, S. 153.
[37] Vgl. *Ross, S.*, The Arbitrage Theory of Capital Asset Pricing, 1976, S. 341.
[38] Vgl. *Elton, E., Gruber, M.*, Modern Portfolio Theory and Investment Analysis, S. 378.

$$E_i = 0{,}3\ \% + 2{,}3\ \% * 1{,}1 + 0{,}15\ \% * 1{,}25 + 3{,}2\ \% * 0{,}85 \qquad (4)$$

$$= 5{,}74\ \%.$$

Formel 4: APT-Berechnungsbeispiel
Quelle: In Anlehnung an Mondello, E., Finance, 2017, S. 219
Mit den unterstellten Angaben beträgt die erwartete Rendite des Wertpapiers i 5,74 %.

2.2 Vergleich zu anderen Kapitalmarktmodellen

Nachdem Ross die APT als Alternative zum CAPM formuliert hat, liegt ein Vergleich der beiden Modelle nahe. Dazu wird das CAPM nachfolgend in seinen Grundzügen vorgestellt, um im Anschluss die bedeutendsten Unterschiede herausarbeiten zu können.

Das Capital Asset Pricing Model wurde in den 1960er Jahren von Sharpe, Lintner und Treynor begründet.[39] Sie bauten das Modell unabhängig voneinander auf den Erkenntnissen der Portfoliotheorie von Markowitz auf und untersuchten die Beziehung zwischen Risiko und Rendite von Wertpapieren auf einem vollkommenen Kapitalmarkt. In der Portfoliotheorie wurde die Erkenntnis gewonnen, dass die Varianz der Rendite minimiert und die erwartete Rendite maximiert werden sollte.[40] Dabei setzten sie neben der Annahme homogener Erwartungen der Anleger auch das Vorhandensein eines risikolosen Zinssatzes sowie eines Marktportfolios voraus.[41] Die klassische Darstellung des CAPM erfolgt in Formel 5.

$$r_i = r_f + \beta_i * [E(r_M) - r_f] \qquad (5)$$

Formel 5: Darstellung des CAPM
Quelle: In Anlehnung an Steiner, M. et al., Wertpapiermanagement, 2017, S. 27

Die Rendite des Wertpapiers i setzt sich aus der Summe des risikolosen Zinses und der mit dem Betafaktor gewichteten Marktrisikoprämie zusammen. Die Differenz zwischen der erwarteten Rendite des Marktportfolios und des risikolosen Zinssatzes stellt die Marktrisikoprämie dar. Der risikolose Zinssatz ist hierbei ein theoretisches Konstrukt, bei dem jederzeit beliebig viel Kapital aufgenommen beziehungsweise angelegt werden kann.[42] Das Marktportfolio stellt ein fiktives Portfolio

---

[39] Vgl. *Ross, S.*, The Arbitrage Theory of Capital Asset Pricing, 1976, S. 341.
[40] Vgl. *Markowitz, H.*, Portfolio Selection, S. 77.
[41] Vgl. *Steiner, M. et al.*, Wertpapiermanagement, S. 22.
[42] Vgl. *Steiner, M. et al.*, Wertpapiermanagement, S. 22.

dar, in dem alle risikobehafteten Wertpapiere in ihrer Gewichtung mit dem Marktwert enthalten sind. Dabei wird angenommen, dass alle Anleger Anteile an diesem Marktportfolio halten.[43] Der Betafaktor gibt an, mit welcher Intensität das Wertpapier auf Änderungen am Markt reagiert und stellt somit ein Maß für systematisches Risiko dar.[44] Er wird als die Kovarianz zwischen dem Marktportfolio und dem betrachteten Wertpapier ermittelt.[45] Bei einem β > 1 schwankt der Kurs des Wertpapiers entsprechend stärker als der Markt. Diese höhere Sensitivität bietet auf der einen Seite höhere Renditechancen bei einer positiven Entwicklung. Auf der anderen Seite muss das größere Risiko bei Abwärtsbewegungen bedacht werden. Ein β < 1 hingegen zeigt eine geringere Reagibilität des Wertpapiers im Verhältnis zum Gesamtmarkt an, wodurch das Risiko, aber auch die Renditechancen reduziert werden.[46]

Die Bewertung risikobehafteter Wertpapiere erfolgt im CAPM über die Wertpapierlinie. Dafür wird zunächst die Kapitalmarktlinie gebildet. Hierfür wird der risikofreie Zins auf der y-Achse abgetragen und mit dem Schnittpunkt der Effizienzkurve des Marktportfolios verbunden.[47] Bei der Überleitung auf die Wertpapierlinie wird nun auf der x-Achse die Standardabweichung durch das Beta des jeweiligen Wertpapiers ersetzt.[48]

Im Vergleich zu den Ausführungen aus Kapitel 2.1 wird deutlich, dass es gewisse Gemeinsamkeiten zwischen APT und CAPM gibt. Hier seien beispielsweise die Annahmen eines atomistischen und vollkommenen Kapitalmarktes sowie homogene Anlegererwartungen genannt. Außerdem vergüten beide Modelle ausschließlich die Übernahme des systematischen Risikos.[49] Ein bedeutender Unterschied – auch für die praktische Anwendung – besteht in den unterschiedlichen Vorgaben der Modelle. Das CAPM gibt eine exakte Bewertungsgleichung vor, wohingegen die APT

---

[43] Vgl. *Steiner, M. et al.*, Wertpapiermanagement, S. 24.
[44] Vgl. *Ziemer, F.*, Der Betafaktor, S. 140.
[45] Vgl. *Reilly, F., Brown, K.*, Investment Analysis and Portfolio Management, 1997, S. 298.
[46] Vgl. *Ziemer, F.*, Der Betafaktor, S. 141.
[47] Vgl. *Fama, E., French, K.*, The Capital Asset Pricing Model: Theory and Evidence, S. 28.
[48] Vgl. *Steiner, M. et al.*, Wertpapiermanagement, S. 23-27.
[49] Vgl. *Elgeti, R., Maurer, R.*, Zur Quantifizierung von Risikoprämien deutscher Versicherungsaktien im Kontext von Multifaktormodellen, S. 4.

nur eine Bewertungsstruktur bietet.[50] Diese Differenzierung wird in Kapitel 2.4 kritisch betrachtet.

Eine grundlegende Unterscheidung kann zwischen den beiden Modellannahmen getroffen werden. Das CAPM basiert auf der Annahme des Marktgleichgewichts, was als weitaus einschränkender wahrgenommen wird als die Annahme der Arbitragefreiheit bei der APT.[51] Dies ist damit zu begründen, dass hierfür bestimmte Voraussetzungen erfüllt sein müssen, die nicht leicht zu überprüfen und begründen sind. Hierfür wird neben der Normalverteilungsannahme auch die quadratische Nutzenfunktion der Anleger angeführt.[52]

Weiterhin gibt es Unterschiede zwischen den beiden Modellen in Bezug auf die Annahme des Marktportfolios, dessen Existenz im CAPM eine wesentliche Rolle spielt. Bei der APT hingegen kann darauf komplett verzichtet werden, da ein gut diversifiziertes Portfolio als ausreichend betrachtet wird. Dies stellt insbesondere vor dem Hintergrund, dass ein Marktportfolio nicht beobachtbar ist, einen entscheidenden Vorteil für die APT dar.[53] Bei Untersuchungen anhand des CAPM wird unterstellt, dass die erwartete Rendite ausschließlich über den Betafaktor erklärt werden kann. Zahlreiche Arbeiten belegen jedoch, dass auch andere Faktoren eine Erklärungskraft besitzen.[54] Hier kommt der größte Unterschied zwischen den beiden Modellen zum Tragen. Bei der APT werden Faktoren festgelegt oder ermittelt, die die Marktschwankungen erklären sollen – im traditionellen CAPM steht hierfür nur der Betafaktor zur Verfügung. Es muss an dieser Stelle jedoch angemerkt werden, dass sich die gezogenen Vergleiche auf die ursprünglichen Versionen der beiden Modelle beziehen, da es Weiterentwicklungen des CAPM und der APT gibt, die eine gewisse Verschmelzung der beiden Vorgehensweisen vornehmen.[55]

Nachdem ausschließlich das Beta als Einflussfaktor des Marktes betrachtet wird, kann das CAPM als 1-Faktor-Modell betrachtet werden. Hiervon abzugrenzen sind Multifaktormodelle, bei denen mehrere Prädiktoren herangezogen werden. Hier sind insbesondere das 3-Faktoren-Modell sowie das 5-Faktoren-Modell von Fama und French zu erwähnen, die sich ebenfalls in die Riege der Kapitalmarktmodelle

---

[50] Vgl. *Lockert, G.*, Risikofaktoren und Preisbildung am deutschen Aktienmarkt, S. 46.
[51] Vgl. *Nowak, T.*, Faktormodelle in der Kapitalmarkttheorie, S. 98.
[52] Vgl. *Ross, S.*, The Arbitrage Theory of Capital Asset Pricing, 1976, S. 341.
[53] Vgl. *Lockert, G.*, Risikofaktoren und Preisbildung am deutschen Aktienmarkt, S. 49.
[54] Vgl. *Fama, E., French, K.*, Multifactor Explanations of Asset Pricing Anomalies, S. 55.
[55] Vgl. *Nowak, T.*, Faktormodelle in der Kapitalmarkttheorie, S. 112.

eingereiht haben. Diese werden nachfolgend ebenfalls kurz erklärt, um anschließend einen Vergleich zur APT anstellen zu können. Das 3-Faktoren-Modell ergänzt den Betafaktor aus dem CAPM um die beiden Faktoren SMB und HML. Dabei steht SMB für „small minus big" und bildet den Unterschied zwischen Renditen von kleinen und großen Unternehmen ab. Der Faktor HML berücksichtigt anhand der Differenz „high minus low" das Verhältnis von Buch- zu Marktwert des jeweiligen Unternehmens. Im 5-Faktoren-Modell werden noch die Faktoren RMW (robust minus weak) zur Einschätzung der Profitabilität und CMA (conservative minus aggressive) zur Einordnung des Investmentverhaltens eines Unternehmens ergänzt.[56] Somit stehen diese beiden Multifaktormodelle der APT deutlich näher als das CAPM. Dies bestätigt auch die Tatsache, dass sowohl das 3-Faktoren-Modell als auch die APT als Weiterentwicklung des CAPM konzipiert wurden.[57] Dennoch besteht auch hier der bedeutendste Unterschied in der Faktorstruktur. Während diese in den Modellen nach Fama und French fest vorgegeben ist, äußert sich Ross weder über die Anzahl noch die Art der zu verwendenden Faktoren. Diesen Punkt greift auch das nachfolgende Kapitel wieder auf.

2.3 Kritik an der APT

Wie bereits in der Einleitung erwähnt wurde, erhebt diese Arbeit keinen Anspruch darauf die APT als Kapitalmarktmodell zu überprüfen. Dies hat den Hintergrund, dass das Verifizieren der Theorie nicht so trivial ist, wie es von den Verfechtern der APT propagiert wird.[58] Das CAPM wird dafür kritisiert, dass das Marktportfolio nicht zu beobachten ist und deshalb allenfalls ein möglichst umfassendes Ersatzportfolio herangezogen werden kann. Aus diesem Grund kann argumentiert werden, dass bei jeder empirischen Überprüfung des CAPM nur das Proxy des Marktportfolios und nicht das Modell an sich getestet wird.[59] Doch bei der APT ergibt sich ein vergleichbares Problem, da eine zweckdienliche Faktorstruktur ermittelt werden muss, bei der es keine eindeutigen Anhaltspunkte zur korrekten Auswahl der einzelnen Faktoren gibt. Hierbei kann es sich laut Shankens Kritik – eine der bekanntesten Arbeiten, die die APT in Frage stellen – sogar um ein größeres Problem handeln, da im CAPM zumindest theoretisch eine klare Vorstellung des

---

[56] Vgl. *Fama, E., French, K.*, A five-factor asset pricing model, S. 3.
[57] Vgl. *Fama, E., French, K.*, Multifactor Explanations of Asset Pricing Anomalies, S. 55.
[58] Vgl. *Oertmann, P.*, Strands of the Arbitrage Pricing Theory, 1996, S. 30.
[59] Vgl. *Fama, E., French, K.*, The Capital Asset Pricing Model: Theory and Evidence, S. 35.

Marktportfolios möglich ist.[60] Darüber hinaus stellt sich dieses klassische CAPM-Problem auch bei der Gleichgewichts-APT, da das Marktportfolio hier ebenfalls eine Rolle spielt.[61]

Der Hauptkritikpunkt neben der eingeschränkten Möglichkeit der theoretischen Überprüfung der APT ist demnach die Subjektivität in der Anwendung. Hierzu gab es seit Begründung der APT einen stetigen Diskurs in der Literatur. Dabei steht immer die fehlende Eindeutigkeit der Theorie im Vordergrund.[62] Diese fehlende Vorgabe ermöglicht dem Anwender eine wahllose Anhäufung von Daten, die dann in verschiedenen Konstellationen getestet werden können, bis das gewünschte Ergebnis erzielt wird.[63] Diese Vielzahl an möglichen Faktorkombinationen führt dazu, dass verschiedene APT-Untersuchungen nicht miteinander zu vergleichen sind und uneinheitliche Resultate erzielt werden.[64] Nach der Durchführung der empirischen Untersuchung in dieser Arbeit wird auf diesen Aspekt in Kapitel 5 aus praktischer Sicht erneut eingegangen. Darüber hinaus muss berücksichtigt werden, dass die Bewertungsgleichung der APT unsystematisches Risiko enthält, das nur in der Theorie vollständig wegdiversifiziert werden kann. Somit kann es in der Interpretation der Bewertungsrelevanz von makroökonomischen Faktoren immer zu leichten Verzerrungen kommen.[65] Ein weiterer möglicher Kritikpunkt kann darin liegen, dass nicht bewiesen werden kann, dass die APT „wahr" ist. Dies hat den Hintergrund, dass statistische Tests nur in der Lage sind, eine Ablehnung der Theorie zu verneinen.[66] Nachdem dies aber eine grundsätzliche Tatsache ist, kann es nicht der APT alleine angelastet werden. Ein weiterer Kritikpunkt, der allen Kapitalmarktmodellen gemein ist, liegt in der Vernachlässigung von Transaktionskosten, Steuern und ähnlichen Effekten. Dies dient der Vereinfachung des Modells, aber führt zugleich auch zu einer geringeren Übertragbarkeit in die Praxis.[67]

---

[60] Vgl. *Shanken, J.*, The Arbitrage Pricing Theory: Is it Testable?, S. 1136.
[61] Vgl. *Shanken, J.*, The Arbitrage Pricing Theory: Is it Testable?, S. 1137.
[62] Vgl. *Shanken, J.*, The Arbitrage Pricing Theory: Is it Testable?, S. 1132.
[63] Vgl. *Lockert, G.*, Risikofaktoren und Preisbildung am deutschen Aktienmarkt, S. 218.
[64] Vgl. *Hamerle, A., Rösch, D.*, Zur empirischen Identifikation von Risikofaktoren bei Modellen der Arbitrage Pricing Theory, S. 132.
[65] Vgl. *Hamerle, A., Rösch, D.*, Zum Einsatz fundamentaler Faktorenmodelle im Portfolio-Management, S. 45.
[66] Vgl. *Roll, R., Ross, S.*, An Empirical Investigation of the Arbitrage Pricing Theory, S. 1084.
[67] Vgl. *Steiner, M. et al.* Wertpapiermanagement, S. 36.

Obwohl die Stärke der traditionellen APT grundsätzlich in ihren weniger restriktiven Annahmen liegt, gibt es hier auch einen Kritikpunkt, der nicht vernachlässigt werden darf. In der ursprünglichen Form der APT wird vorausgesetzt, dass die Zahl der Wertpapiere unendlich ist. Diese Annahme ist sowohl ökonomisch fragwürdig als auch in praktischen Untersuchungen nicht umsetzbar.[68]

2.4 Bisherige Forschungsergebnisse

Seit 1976 wurden zahlreiche APT-Untersuchungen durchgeführt, die sich jedoch hauptsächlich auf den amerikanischen Aktienmarkt und die Zeit vor der Jahrtausendwende beziehen. Hier konnte die APT für zahlreiche Untersuchungen nicht abgelehnt werden.[69] Die bekanntesten Arbeiten zur traditionellen Arbitrage-APT ergaben, dass die meisten Assets korrekt bepreist werden. Für die Gleichgewichts-APT wurde in den klassischen Arbeiten herausgearbeitet, dass unter bestimmten Voraussetzungen sogar eine exakte Bepreisung möglich ist. Hierbei gilt es jedoch zu beachten, dass diese Modelle teilweise deutlich vom Grundgedanken der ursprünglichen APT abweichen.[70] Nachdem es in der vorliegenden Arbeit um eine Analyse des deutschen Kapitalmarkts gehen soll, werden an dieser Stelle auch nur solche Untersuchungen angeführt. Einen Überblick bietet Tabelle 1.[71]

Autor, Titel und Jahr	Vorgehensweise, Besonderheit	Ergebnisse
Thomas Nowak: Faktormodelle in der Kapitalmarkttheorie (1994)	Zeitraum: 1968-1991, Extraktion der unerwarteten Faktoränderung mit drei verschiedenen Methoden	Signifikante Risikoprämien für ifo Geschäftsklimaindex und Umlaufrendite von Anleihen mit hoher Restlaufzeit
Andreas Sauer: Faktormodelle und Bewertung am deutschen Kapitalmarkt (1994)	Zeitraum: 1970-1989, Integration eines Residualmarktindex	Signifikante Risikoprämien für Industrieproduktion, Zinsstruktur, Inflation und DM/USD-Wechselkurs
Gerd Lockert: Risikofaktoren und Preisbildung am deutschen Aktienmarkt (1996)	Zeitraum: 1976-1991, Kombination aus Faktorenanalyse und Verwendung makroökonomischer Variablen	Keine signifikanten Risikoprämien

---

[68] Vgl. *Kruschwitz, L., Löffler, A.*, Ross' APT ist gescheitert. Was nun?, S. 646.
[69] Vgl. *Lockert, G.*, Risikofaktoren und Preisbildung am deutschen Aktienmarkt, S. 76.
[70] Vgl. *Oertmann, P.*, Strands of the Arbitrage Pricing Theory, 1996, S. 3.
[71] Der Autor erhebt dabei keinen Anspruch auf Vollständigkeit, sondern bezieht sich auf ihm zugängliche beziehungsweise bekannte Arbeiten.

Autor, Titel und Jahr	Vorgehensweise, Besonderheit	Ergebnisse
Rolf Elgeti, Raimond Maurer: Zur Quantifizierung von Risikoprämien deutscher Versicherungsaktien im Kontext von Multifaktormodellen (2000)	Zeitraum: 1975-1998, ausschließliche Betrachtung von deutschen Versicherungsaktien	Signifikante Risikoprämien für das Zinsniveau (im Zeitablauf fallend) und den DM/USD-Wechselkurs (im Zeitablauf steigend)
Wolfgang Bessler, Heiko Opfer: Empirische Untersuchung zur Bedeutung makroökonomischer Faktoren für Aktienrenditen am deutschen Kapitalmarkt (2003)	Zeitraum: 1974-2000, Abbildung der zeitlichen Variabilität der Koeffizienten	Signifikante Risikoprämien für Laufzeitprämie von Nullkuponanleihen, langfristiger Zinssatz, Wechselkurs und ifo Geschäftsklimaindex
Roman Meyer: APT und Renditeschätzung – Eine Untersuchung des deutschen Kapitalmarktes (2006)	Zeitraum: 1997-2005, Anwendung eines Hochpassfilters zur Bereinigung der Zeitreihen	Signifikante Risikoprämien für Term Spread und erwartete Inflationsrate
Christoph Schepers: Makroökonomische Multifaktormodelle zur Prognose von Aktienrenditen (2010)	Zeitraum: 1994-2009, Fokussierung auf Banken- und Industriebranche	Signifikante Risikoprämien für langfristige Zinsen, Zinsstruktur und Risikoprämien von Unternehmensanleihen

Tabelle 1: Übersicht von APT-Untersuchungen des deutschen Kapitalmarkts
Quelle: Eigene Darstellung[72]

Aus der Übersicht geht hervor, dass das nachfolgende Modell die erste APT-Untersuchung eines zusammenhängenden Gesamtzeitraums nach der Finanzkrise von 2008 darstellt. Für diesen Zeitraum wurden kaum Untersuchungen für den deutschen Kapitalmarkt angestellt, durch die neue Erkenntnisse gewonnen wurden. Im Bereich der allgemeinen Multifaktormodelle wurden in der jüngeren Vergangenheit mehrere Untersuchungen durchgeführt.[73] Insbesondere die Veröffentlichung des 5-Faktoren-Modells zeigt, dass sich Multifaktormodelle an die Rahmenbedingungen der jeweiligen Zeit anpassen können und noch nicht am Ende ihrer Entwicklung stehen.

---

[72] Die Inhalte beziehen sich entweder direkt auf die zugrundeliegenden Arbeiten oder indirekt auf die Beschreibungen anderer Autoren, wenn die Originaltexte nicht zugänglich waren.
[73] Vgl. *Hanauer, M. et al.*, Risikofaktoren und Multifaktormodelle für den Deutschen Aktienmarkt, S. 1.

3 Aufbau des Modells

Nachdem nun die theoretischen Grundlagen der APT dargelegt wurden, kann in diesem Kapitel darauf aufgebaut und ein entsprechendes Modell konstruiert werden. Nach der Auswahl eines geeigneten Betrachtungszeitraums wird darauf eingegangen, wie die Aktienrenditen und Faktorzeitreihen generiert und überprüft werden. Im Anschluss erfolgt die Beschreibung der durchgeführten Regressionen mit der zugehörigen Diagnostik.

3.1 Ermittlung der Aktienrenditen

Um die Daten der benötigten Variablen generieren zu können, muss zunächst der Untersuchungszeitraum definiert werden. Nachdem viele volkswirtschaftliche Zeitreihen nur auf monatlicher oder vierteljährlicher Basis bereitgestellt werden, empfiehlt es sich, die Datenpunkte der Aktienkurse diesen Zeitabständen anzupassen. Da bei monatlicher Betrachtung lediglich zwölf Werte pro Jahr generiert werden können, muss ein hinreichend langer Analysezeitraum gewählt werden. Im vorliegenden Modell wurden zehn Jahre als Minimum festgelegt. Die analysierten Daten sollen so aktuell wie möglich sein und es werden ausschließlich volle Kalenderjahre betrachtet. Dies trägt der Tatsache Rechnung, dass man für bestimmte Zeiträume im Jahr Saisonalitäten unterstellen kann, die durch eine unterjährige Betrachtung eventuell vernachlässigt werden würden. Als bekanntes Beispiel von Kapitalmarktanomalien sei hier auf den Januareffekt verwiesen.[74] Nachdem in der Untersuchung ein zusammenhängender Gesamtzeitraum analysiert wird, sollte darin keine Börsenkrise enthalten sein, die nachhaltige Auswirkungen auf das Verhalten der Marktteilnehmer hat, da dies ein neues Regime darstellen würde.

Aus den vorab definierten Kriterien ergab sich ein Untersuchungsbereich vom 01.01.2009 bis zum 31.12.2018. Dieser Zeitraum bietet den Vorteil, dass darin ausschließlich gewöhnliche Marktschwankungen enthalten sind und somit keine Unterteilung in verschiedene Teilperioden erforderlich ist, da die Finanzkrise von 2008 ausgeklammert wird.

3.1.1 Auswahl der Kursdaten

Nachdem der Zeitraum festgelegt wurde, folgte die Auswahl der zu erklärenden Aktienrenditen. Da in der vorliegenden Arbeit ausschließlich der deutsche

---

[74] Vgl. *Steiner, M. et al.*, Wertpapiermanagement, S. 46.

Kapitalmarkt analysiert werden soll, wurde der Prime Standard der Deutschen Börse als Grundlage herangezogen. In die Untersuchung fließen somit der DAX, der MDAX und der SDAX ein – auf eine separate Verwendung des TecDAX wurde verzichtet, weil die Einzelbestandteile hieraus bereits in einem der drei anderen Indizes enthalten sind.[75] Es ist anzumerken, dass Unternehmen mit nicht deutscher Gesellschaftsform dennoch in das Modell aufgenommen wurden, sofern sie in einem der drei Indizes gelistet sind. Dies kann bei Unternehmen der Fall sein, die ihren juristischen Sitz im Ausland, aber ihr operatives Hauptquartier in Deutschland haben.[76] Als Beispiel kann hier die SAF Holland S.A. mit Sitz in Luxemburg angeführt werden, deren operatives Geschäft in Deutschland gesteuert wird.

Die zunächst täglichen Kursdaten wurden über Yahoo Finance bezogen.[77] Neben der Datumsangabe war hier insbesondere der adjustierte Schlusskurs relevant, bei dem Dividendenzahlungen und Kapitalmaßnahmen der Unternehmen unberücksichtigt bleiben. Diese Effekte sollen beim vorliegenden APT-Modell analog bisheriger Untersuchungen keine Rolle spielen, da diese ihren Ursprung nicht im Markt haben.[78] Die restlichen Angaben aus dem CSV-Export wurden entfernt. Im Anschluss wurde in Microsoft Excel der jeweilige adjustierte Schlusskurs des letzten Handelstages im Monat als relevanter Wert herangezogen. Hierbei wurden ausschließlich Titel verwendet, die für den gesamten Betrachtungszeitraum vom 01.01.2009 bis 31.12.2018 eine lückenlose Kurshistorie aufweisen konnten. In diesem Schritt wurden Unternehmen aus dem Modell entfernt, die erst während des Untersuchungszeitraums gegründet beziehungsweise in einen der relevanten Indizes aufgenommen wurden.[79] Außerdem deuten lückenhafte und über mehrere Börsentage unveränderte Kurse auf ein geringes Handelsvolumen hin. Diese Vermutung kann ebenfalls mit den Daten von Yahoo Finance überprüft werden. Als Beispiel soll hier die Aktie der Zooplus AG (Z01.DE) angeführt werden, die aus der Untersuchung entfernt wurde, weil hier unter anderem im Zeitraum vom 19.02.2009 – 26.02.2009 kein Handel stattfand. Diese Tatsache genügt der Anforderung der APT nicht, dass eine ausreichende Handelbarkeit und Liquidität des

---

[75] Vgl. *Steiner, M. et al.*, Wertpapiermanagement, S. 229.
[76] Vgl. *Steiner, M. et al.*, Wertpapiermanagement, S. 225.
[77] Beispielhaft wird hier der Abruf der historischen Kurse der Adidas AG verlinkt: *https://de.finance.yahoo.com/quote/ADS.DE/history?period1=1227567600&period2=1546642800&interval=1d&filter=history&frequency=1d,* Zugriff am 20.02.2020.
[78] Vgl. *Nowak, T.,* Faktormodelle in der Kapitalmarkttheorie, S. 173.
[79] Beispielhaft seien hier die Covestro AG oder die HelloFresh SE genannt.

Wertpapiers sichergestellt sein muss.[80] Als Stichtag für die Zuordnung zum jeweiligen Index wurde der Bearbeitungszeitpunkt gewählt.[81] Aus diesem Grund wurden die Thyssenkrupp AG (Wechsel aus dem DAX am 23.09.2019) und die Fielmann AG (Wechsel in den SDAX am 23.12.2019) dem MDAX zugeordnet.

Nachdem alle Kursdaten aufbereitet und untersucht wurden, verblieben 23 Unternehmen aus dem DAX, 25 Unternehmen aus dem MDAX und 37 Unternehmen aus dem SDAX in der Untersuchung, für die jeweils 121 adjustierte Monatsschlusskurse festgestellt werden konnten. Der zusätzliche Datenpunkt vom 30.12.2008 war erforderlich, um die Rendite für den Januar 2009 ermitteln zu können. Zur Sicherstellung der Korrektheit der erhobenen Kursdaten erfolgte eine 4-Augen-Prüfung der Rohdaten, bei der stichprobenartig mehrere Datenpunkte für verschiedene Aktien zu unterschiedlichen Zeitpunkten kontrolliert wurden.

3.1.2 Berechnung der Renditen

Die Ermittlung der Aktienrenditen erfolgte nach dem Einlesen der Rohdaten in R. Die Berechnung wurde dabei logarithmiert vorgenommen, um eine stetige Rendite zu erhalten, die für empirische Untersuchungen besser geeignet ist, da sie sich eher einer Normalverteilung annähert.[82] Außerdem wird mit der logarithmierten Renditeberechnung das exponentielle Wachstum der Aktienkurse berücksichtigt.[83] Zur Veranschaulichung der logarithmierten Renditeberechnung dient die Formel 6.

$$r_{i,t} = \ln(V_{i,t}) - \ln(V_{i,t-1}) \tag{6}$$

Formel 6: Logarithmierte Renditeberechnung
Quelle: In Anlehnung an *Nowak, T.*, Faktormodelle, 1994, S. 151

Die Rendite der Aktie *i* für den Zeitpunkt *t* ergibt sich aus der Differenz der logarithmierten Aktienkurse zu den Zeitpunkten *t* und *t-1*. Nachdem für die Renditeberechnung immer der Datenpunkt der Vorperiode erforderlich ist, wurde bei der Datenbeschaffung der 30.12.2008 zusätzlich in den Rohdaten aufgenommen, um die Veränderung der Einzelaktien im Januar 2009 bestimmen zu können. Die zwei relevanten Datenpunkte hierfür sind demnach der 30.12.2008 als Schlusskurs des

---

[80] Vgl. *Ziegler, A. et al.*, Multifaktorenmodelle zur Erklärung deutscher Aktienrenditen: Eine empirische Analyse, S. 358.
[81] Die Daten wurden am 23.12.2019 und 24.12.2019 generiert.
[82] Vgl. *Schepers, C.*, Makroökonomische Multifaktormodelle zur Prognose von Aktienrenditen, S. 20.
[83] Vgl. *Verbeek, M.*, Moderne Ökonometrie, S. 327-328.

letzten Handelstages im Jahr 2008 sowie der 30.01.2009 als Schlusskurs des letzten Handelstages im Januar 2009. Damit ist jeder Handelstag des Januars in dieser Berechnung enthalten. Nach diesem Schema wurde für jeden Monat eine Rendite ermittelt, sodass letztendlich für jede Aktie 120 Monatsrenditen vorliegen. Eine vollständige Auflistung der Aktienrenditen aller relevanten Unternehmen befindet sich in Anhang 1. Neben dem zugehörigen Variablennamen werden auch der Mittelwert sowie die Standardabweichung dargestellt. Hier kann sich der Leser einen ersten Überblick über die ermittelten Daten verschaffen. Zum Beispiel lässt sich erkennen, dass manche Unternehmen trotz hoher Standardabweichung keine überdurchschnittliche Rendite erzielen konnten. Die Aktie der Fielmann AG hingegen konnte mit einer der niedrigsten Standardabweichungen einen stetigen Anstieg von rund 13,66 % pro Jahr im Betrachtungszeitraum verzeichnen. Außerdem geht aus der nach Symbol alphabetisch sortierten Übersicht auch die Zuordnung zum DAX, MDAX und SDAX hervor.

3.1.3 Statistische Überprüfung der Aktienrenditen

Um die ermittelten Aktienrenditen im weiteren Modell verwenden zu können, müssen diese bestimmte Anforderungen erfüllen. Sofern dies nicht gegeben ist, kann es im weiteren Verlauf zu Schätzfehlern kommen. Dazu wurden für jede Aktie Tests auf Stationarität, Normalverteilung und serielle Unabhängigkeit vorgenommen.[84] Die vollständigen Testergebnisse werden in Anhang 2 aufgeführt.

Zunächst ist zu überprüfen, ob die Aktienrenditen stationär sind. Damit ist die Unabhängigkeit der Renditeverteilung im Zeitverlauf gemeint. Die Überprüfung erfolgte mithilfe des Augmented-Dickey-Fuller-Tests (ADF-Test). Dabei wird die Zeitreihe auf eine Einheitswurzel überprüft. Die Nullhypothese lautet: „Die Variable ist nicht stationär.". Bei dem für die vorliegende Arbeit festgelegten Signifikanzniveau von $\alpha = 0{,}05$ sind alle Zeitreihen der logarithmierten Aktienrenditen stationär. Sollte ein p-Wert über 5 % liegen, muss darauf geschlossen werden, dass die Variable trendstationär ist. Nachdem dies nicht der Fall ist, mussten die Aktienrenditen an dieser Stelle nicht angepasst werden.

In einem nächsten Schritt erfolgte die Überprüfung der Aktienrenditen auf Normalverteilung. Dabei wird überprüft, ob die Renditen gleichmäßig streuen. Für gewöhnlich findet man bei Aktienrenditen eine linksschiefe Verteilung vor. Dies hat

---

[84] Vgl. *Lockert, G.*, Risikofaktoren und Preisbildung am deutschen Aktienmarkt, S. 105.

zur Folge, dass die tatsächlichen Renditen unterhalb ihres Mittelwertes liegen.[85] Aus diesem Grund bevorzugen risikoaverse Anleger eher eine rechtsschiefe Verteilung, bei der die Wahrscheinlichkeit für große Verluste niedriger ist und dennoch eine hohe Rendite wahrscheinlicher ist, als bei der linksschiefen Verteilung. Die Überprüfung auf Normalverteilung erfolgte anhand des Jarque-Bera-Tests, der unter Einbezug der Schiefe und Wölbung der Renditen die folgende Nullhypothese prüft: „Die Variable ist normalverteilt.". Nachdem der p-Wert oftmals über dem festgelegten Signifikanzniveau liegt, muss bei vielen Aktien trotz der logarithmierten Renditeberechnung die Annahme der Normalverteilung verworfen werden. Diese Tatsache hat im weiteren Verlauf jedoch keine nennenswerten Auswirkungen, da die Normalverteilung der Aktienrenditen in der APT keine entscheidende Annahme darstellt.[86]

Die Autokorrelation der Aktienrenditen wurde anhand des Box-Ljung-Tests ermittelt. Damit wird überprüft, ob die Fehlerterme der Renditen im Zeitverlauf unabhängig sind. Dies ist nur dann der Fall, wenn frühere Renditen keinen Einfluss auf aktuelle beziehungsweise künftige Renditen haben und somit eine Zufallsverteilung vorliegt. Hierfür wurde ein Lag von zwölf unterstellt – damit wird eine zeitliche Verschiebung von einem Jahr abgebildet.[87] Die Nullhypothese des Box-Ljung-Tests lautet: „Die Variable stellt keine unabhängig verteilte Zufallsvariable dar.". Sofern der p-Wert unterhalb des Signifikanzniveaus von 5 % liegt, muss auf Autokorrelation geschlossen werden. Dies ist bei den Renditen der Variablen IFX.DE, NEM.DE und DIC.DE der Fall. Aus diesem Grund wird für diese drei Zeitreihen eine visuelle Betrachtung der Autokorrelationsfunktion vorgenommen, um zu überprüfen, ob die Variablen für die weitere Untersuchung aus dem Modell entfernt werden müssen.

---

[85] Vgl. *Echter, C.*, Hedgefonds-Investments im Private Banking, S. 55.
[86] Vgl. *Nowak, T.*, Faktormodelle in der Kapitalmarkttheorie, S. 97.
[87] Vgl. *Lockert, G.*, Risikofaktoren und Preisbildung am deutschen Aktienmarkt, S. 127.

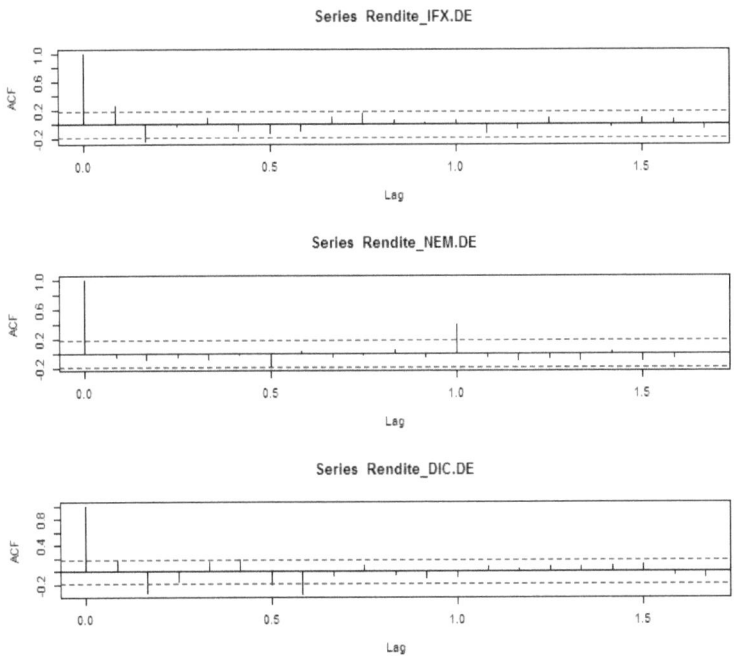

Abbildung 1: Darstellung autokorrelierter Aktienrenditen
Quelle: Eigene Darstellung aus RStudio

Für die Aktienrenditen von IFX.DE und DIC.DE ist zu erkennen, dass die Autokorrelation im Zeitablauf immer weiter abnimmt. Die Rendite von NEM.DE weist ausschließlich einen Ausreißer auf und ist ansonsten nicht autokorreliert. Vor diesem Hintergrund wurden die drei Aktien nicht aus dem Modell entfernt.

3.2 Ermittlung der Faktorzeitreihen

3.2.1 Festlegung der makroökonomischen Faktoren

In der vorliegenden Arbeit wird ein APT-Modell mit Vorabspezifikation der unabhängigen Variablen verwendet. Dabei wird auf makroökonomische Faktoren zurückgegriffen. Diese haben sich bereits in mehreren empirischen Untersuchungen zur APT als praktikabel erwiesen. Dabei handelt es sich jedoch überwiegend um Analysen des amerikanischen Kapitalmarktes.[88] Bei Untersuchungen des

---

[88] Vgl. *Lockert, G.*, Risikofaktoren und Preisbildung am deutschen Aktienmarkt, S. 218.

deutschen Aktienmarktes wurden bisher keine eindeutigen Ergebnisse hinsichtlich bewertungsrelevanter Risikofaktoren erzielt. Aus diesem Grund wird in dieser Untersuchung nicht nur auf die klassischen Faktoren zurückgegriffen, sondern eine Mischung aus bekannten und bisher nicht betrachteten Faktoren verwendet.[89] Darüber hinaus muss eine gewisse Anpassung der für den amerikanischen Markt bewertungsrelevanten Faktoren erfolgen, damit die Besonderheiten des deutschen Kapitalmarktes berücksichtigt werden können.[90] Dabei ist insbesondere darauf zu achten, dass die a priori festgelegten Variablen ausschließlich mit einer ökonomisch nachvollziehbaren Argumentation verwendet werden sollten. Eine Ansammlung von verschiedenen Faktordaten mit anschließendem Streichen nicht aussagekräftiger Variablen sollte vermieden werden. Mit diesem Vorgehen würde man verschiedene Faktorkonstellationen solange testen, bis das gewünschte Ergebnis erzielt wird. Dieses Vorgehen widerspricht dem Grundgedanken der empirischen Forschung und dem Begriff der Vorabspezifikation.[91] Nachdem die zu untersuchenden Aktienrenditen ebenfalls vorab festgelegt wurden, würde es sich hier außerdem um ein inkonsistentes Vorgehen innerhalb des Modells handeln.

Wie bereits in Kapitel 2.1 dargestellt, soll die Anzahl der Risikofaktoren bedeutend geringer sein, als die der zu untersuchenden Aktien. Nachdem es sich hierbei nur um einen sehr groben Richtwert handelt, lehnt sich das Modell in der vorliegenden Arbeit am Großteil der in der Literatur verwendeten Anzahl an. Fünf erklärende Variablen scheinen daher angemessen.[92] Im Folgenden werden die für die Untersuchung relevanten Faktoren dargestellt und deren Auswahl begründet. Eine Übersicht über die verwendeten Abkürzungen und Variablennamen ist dem Anhang 3 zu entnehmen.

3.2.1.1 Industrielle Produktion (IP)

Die Industrieproduktion gibt an, wie viele Industriegüter in einer Volkswirtschaft in einer Periode erzeugt wurden. Dieser Faktor wurde bereits in zahlreichen APT-Untersuchungen verwendet.[93] Eine signifikante Risikoprämie für die Industrie-

---

[89] Für eine Auswahl klassischer makroökonomischer Faktoren siehe Kapitel 2.1.
[90] Vgl. *Hanauer, M. et al.*, Risikofaktoren und Multifaktormodelle für den Deutschen Aktienmarkt, S. 2.
[91] Vgl. *Nowak, T.*, Faktormodelle in der Kapitalmarkttheorie, S. 144.
[92] Vgl. *Burmeister, E. et al.*, A Practitioner's Guide to Arbitrage Pricing Theory, S. 7.
[93] Vgl. *Chen, N. et al.*, Economic Forces and the Stock Market, S. 386.

produktion konnte bereits nachgewiesen werden.[94] Insbesondere für die Industrienation Deutschland stellt dieser Faktor eine ökonomisch nachvollziehbare Variable dar, da ein Einfluss auf die Aktienkurse großer Industrieunternehmen (wie zum Beispiel Siemens oder verschiedener Automobilhersteller) naheliegt. Dabei wurde auf den Datensatz von Eurostat zurückgegriffen, der die gesamte Industrie bis auf das Baugewerbe beinhaltet und die monatlichen Schwankungen der Industrieproduktion in einem Index darstellt.[95]

Der Verlauf des kalender- und saisonbereinigten Index sowie die zugehörige Änderungsrate für den Untersuchungszeitraum wird in Abbildung 2 dargestellt.

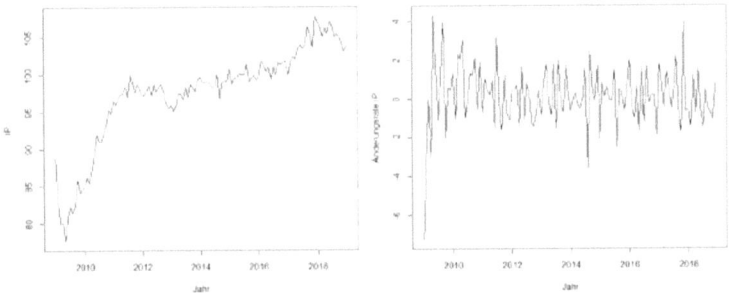

Abbildung 2: Kursverlauf und Änderungsrate - Industrielle Produktion
Quelle: Eigene Darstellungen aus RStudio

Es ist zu erkennen, dass die Industrieproduktion zu Beginn des Untersuchungszeitraums eine stark negative Entwicklung aufweist. Ab dem Jahr 2010 liegen jedoch überwiegend konstant schwankende Änderungsraten vor und der Verlauf weist einen langfristigen Aufwärtstrend auf.

---

[94] Vgl. *Bessler, W., Opfer, H.*, Empirische Untersuchung zur Bedeutung makroökonomischer Faktoren für Aktienrenditen am deutschen Kapitalmarkt, S. 413.
[95] Vgl. *https://ec.europa.eu/eurostat/de/web/products-datasets/-/TEIIS080*, Zugriff am 20.02.2020.

3.2.1.2 Wechselkurs (FX)

Den Wechselkurs des Euro gegenüber fremden Währungen aufzunehmen ist insbesondere mit der hohen Exporttätigkeit Deutschlands zu begründen. Wenn der Euro zum Beispiel gegenüber dem US-Dollar aufwertet, werden die deutschen Produkte auf dem amerikanischen Markt teurer. Das führt zu einer Reduzierung der Exporte und kann zum Beispiel deutschen Automobilherstellern schaden, die hohe Absatzmengen in den USA aufweisen. Der Wechselkurs zwischen D-Mark und US-Dollar wurde ebenfalls in mehreren APT-Untersuchungen herangezogen und hat bereits signifikante Risikoprämien hervorgebracht.[96]

Bisher wurden jedoch ausschließlich die Wechselkurse von D-Mark beziehungsweise Euro zu US-Dollar betrachtet, was vermutlich der Tatsache geschuldet ist, dass die USA historisch betrachtet der wichtigste Handelspartner für Deutschland ist. Dennoch nehmen die Exportaktivitäten mit anderen Ländern zu. Insbesondere China nimmt einen immer größer werdenden Stellenwert ein.[97] Aus diesem Grund erscheint eine Anpassung der bisher in der APT-Forschung bekannten Variable sinnvoll. Daher wurde im Rahmen dieser Untersuchung der nominale effektive Wechselkurs des Euro gegenüber den Währungen der EWK-19-Gruppe herangezogen.[98] Damit sind neben den USA, Kanada und Australien insbesondere der asiatische Markt sowie europäische Länder, die nicht den Euro als Währung nutzen, inbegriffen. Die Gewichtung erfolgt dabei in Abhängigkeit vom Außenhandel im verarbeitenden Gewerbe. Der Datensatz wird von der Deutschen Bundesbank zur Verfügung gestellt.[99] Der Verlauf von Kurs und Änderungsrate wird in Abbildung 3 dargestellt.

---

[96] Vgl. *Bessler, W., Opfer, H.*, Empirische Untersuchung zur Bedeutung makroökonomischer Faktoren für Aktienrenditen am deutschen Kapitalmarkt, S. 413.

[97] Vgl. *https://de.statista.com/statistik/daten/studie/2876/umfrage/rangfolge-der-wichtigsten-handelspartner-deutschlands-nach-wert-der-exporte/*, Zugriff am 20.02.2020.

[98] Die EWK-19-Gruppe umfasst die folgenden Länder: Australien, Bulgarien, China, Dänemark, Hongkong, Japan, Kanada, Kroatien, Norwegen, Polen, Rumänien, Schweden, Schweiz, Singapur, Südkorea, Tschechien, Ungarn, USA und Vereinigtes Königreich.

[99] Vgl. *https://www.bundesbank.de/de/statistiken/wechselkurse/-/nominaler-effektiver-wechselkurs-des-euro-gegenueber-den-waehrungen-der-ewk-19-gruppe-649662*, Zugriff am 20.02.2020.

Aufbau des Modells

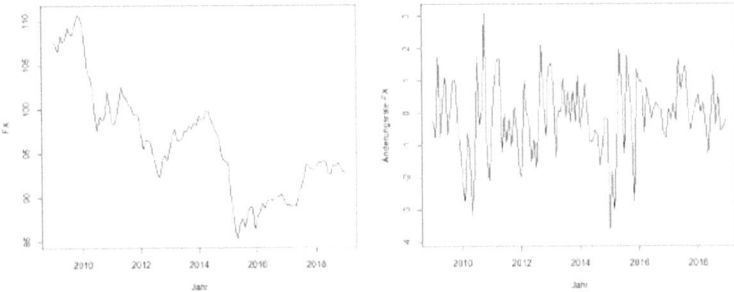

Abbildung 3: Kursverlauf und Änderungsrate – Wechselkurs
Quelle: Eigene Darstellungen aus RStudio

Insgesamt liegt über den gesamten Betrachtungszeitraum eine Abwertung des Euro gegenüber den Fremdwährungen vor. Die Änderungsrate weist dabei ein relativ gleichbleibendes Niveau auf. Insbesondere in den Jahren 2014-2016 liegt hier ein starker Abwärtstrend vor. Dies kann zum Teil mit den unterschiedlichen Handlungen der Zentralbanken begründet werden. Während die USA in diesem Zeitraum die Zinswende einleitete, indem die Leitzinsen erstmalig nach der Finanzkrise von 2008 wieder erhöht wurden, startete die Europäische Zentralbank (EZB) das Anleihekaufprogramm, um die im Umlauf befindliche Geldmenge zu erhöhen.[100]

3.2.1.3 ifo Geschäftsklimaindex (IFO)

Das ifo Institut forscht zu verschiedenen ökonomischen Themen und stellt unter anderem regelmäßig den Geschäftsklimaindex zur Verfügung, der als Frühindikator für die deutsche Konjunktur gilt.[101] Dabei werden Wirtschaftsunternehmen zu ihrer aktuellen Geschäftslage sowie der Erwartung für die nächsten sechs Monate befragt. Aus den Ergebnissen wird abhängig von der Größe des Unternehmens und dem Anteil der Branche am Bruttoinlandsprodukt ein Index gebildet, der monatlich veröffentlicht wird.[102] Dieser Faktor wurde bereits in der Vergangenheit am deutschen Aktienmarkt mit signifikanten Risikoprämien bewertet.[103] Die ökono-

---

[100] Vgl. https://de.statista.com/statistik/daten/studie/427660/umfrage/bestand-des-erweiterten-anleihekaufprogramms-der-ezb/, Zugriff am 20.02.2020.
[101] Vgl. https://www.ifo.de/umfragen/zeitreihen, Zugriff am 20.02.2020.
[102] Vgl. Steiner, M. et al., Wertpapiermanagement, S. 243.
[103] Vgl. Bessler, W., Opfer, H., Empirische Untersuchung zur Bedeutung makroökonomischer Faktoren für Aktienrenditen am deutschen Kapitalmarkt, S. 413.

mische Relevanz des Faktors ist aufgrund der Tatsache, dass die Unternehmen eine eigene Prognose erstellen, ebenfalls gegeben – Voraussetzung hierfür ist natürlich, dass eine realistische Einschätzung abgegeben wird. Die aus dem Index des ifo Instituts entstehenden Graphen zum Kursverlauf und der Änderungsrate finden sich in Abbildung 4.

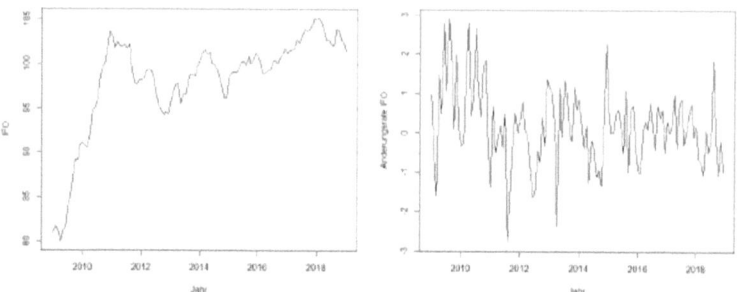

Abbildung 4: Kursverlauf und Änderungsrate - ifo Geschäftsklimaindex
Quelle: Eigene Darstellungen aus RStudio

Der Kursverlauf zeigt zu Beginn des Betrachtungszeitraums einen starken Anstieg, was mit der Euphorie nach der überwundenen Finanzkrise begründet werden kann. Die überwiegend positiven Änderungsraten in diesem Zeitraum bestätigen diesen Eindruck.

3.2.1.4 Zinsstruktur (ZS)

In früheren APT-Untersuchungen wurde der Faktor „Term Structure" ebenfalls mehrfach herangezogen. Die Bildung der Zeitreihe wird jedoch nicht einheitlich vorgenommen. Für den amerikanischen Markt wurde dieser Faktor als Differenz zwischen einem langlaufenden government bond und der treasury-bill rate mit einmonatiger Laufzeit aufgefasst.[104] Für die Umsetzung am deutschen Kapitalmarkt wird in diesem Modell die Differenz zwischen den Umlaufrenditen von Bundeswertpapieren mit zehnjähriger beziehungsweise einjähriger Restlaufzeit verwendet.[105] Für diese Zeitreihe wurden bereits signifikante Risikoprämien ermittelt.[106] Insbesondere für Finanzdienstleister wie Banken und Versicherungen liegt die ökonomische Relevanz dieses Faktors nahe. Wenn man sich das DDM aus

---

[104] Vgl. *Chen, N. et al.*, Economic Forces and the Stock Market, S. 389.
[105] Vgl. *Lockert, G.*, Risikofaktoren und Preisbildung am deutschen Aktienmarkt, S. 222.
[106] Vgl. *Bessler, W., Opfer, H.*, Empirische Untersuchung zur Bedeutung makroökonomischer Faktoren für Aktienrenditen am deutschen Kapitalmarkt, S. 413.

Kapitel 2.1 nochmals vor Augen führt, müssten auch weitere Unternehmen von der Zinsstruktur beeinflusst werden, da der Wert einer Aktie dort stark vom Diskontierungszins abhängt.

Die Daten wurden von der Deutschen Bundesbank bezogen und sind der Abbildung 5 zu entnehmen.[107]

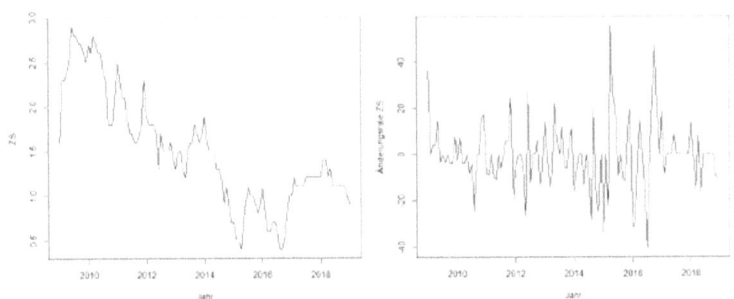

Abbildung 5: Kursverlauf und Änderungsrate – Zinsstruktur
Quelle: Eigene Darstellungen aus RStudio

Es zeigt sich, dass die Zinsstruktur einen deutlichen Abwärtstrend aufweist. Hier gilt es zu beachten, dass der Faktor ZS nicht das Zinsniveau, sondern die Steilheit der Zinsstrukturkurve abbildet. Nachdem die Berechnung der Änderungsrate nicht auf einfach absoluten Werten, sondern den gebildeten Differenzen zwischen Bundeswertpapieren mit zehn- und einjähriger Restlaufzeit beruht, liegen die prozentualen Änderungen deutlich über den bisher ermittelten Änderungsraten. Des Weiteren ist auffällig, dass die Schwankungsintensität im Lauf der Untersuchungsperiode bis in das Jahr 2017 deutlich ansteigt, was mit der Volatilität des kurzfristigen Zinses begründet werden kann.

3.2.1.5 Marktindex (CDAX)

Zur Ergänzung der bisherigen Faktoren wird der CDAX als Referenzindex in das Modell mit aufgenommen. Dieser Index beinhaltet alle deutschen Aktien des General und Prime Standard, die an der Frankfurter Börse gelistet sind.[108] Die Verwendung dieses Faktors liegt nahe, da nicht erwartet werden kann, dass die bisherigen makroökonomischen Faktoren die Varianzen der Aktienrenditen vollständig

---

[107] Vgl. *https://www.bundesbank.de/dynamic/action/de/statistiken/zeitreihen-datenbanken/zeitreihen-datenbank/759778/759770?listId=www_skms_it03b*, Zugriff am 20.02.2020.
[108] Vgl. *Steiner, M. et al.*, Wertpapiermanagement, S. 229.

erklären können. Die Faktorzeitreihen besitzen teilweise glättende Eigenschaften und können somit nicht so schnell reagieren wie die zu untersuchenden Aktien – dieser Problematik soll durch den Marktindex Abhilfe geschaffen werden.[109] Der CDAX kann im vorliegenden Modell als Approximation des Marktportfolios im CAPM verstanden werden und kann ökonomisch mit der potentiell starken Korrelation zu den Aktienrenditen begründet werden. Hierdurch würde die Modellgüte wiederum erhöht werden.

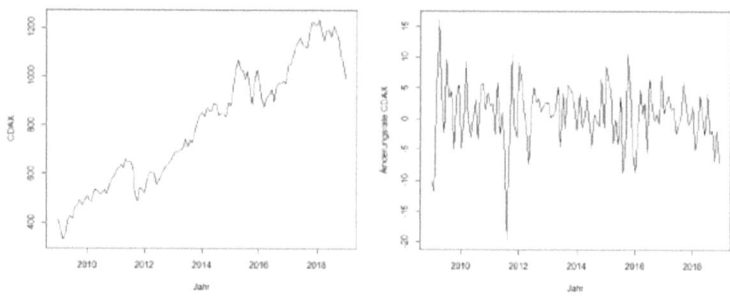

Abbildung 6: Kursverlauf und Änderungsrate – Marktindex
Quelle: Eigene Darstellungen aus RStudio

Der in Abbildung 6 dargestellte Verlauf weist einen eindeutigen Aufwärtstrend auf. Bis auf das Jahr 2011 bewegen sich die Änderungsraten auf einem ähnlichen Niveau. Dieser Ausreißer kann mit dem Schwarzen Montag vom 08.08.2011 begründet werden, an dem die Bonität der USA von der Bestnote AAA herabgestuft wurde.[110]

Nachdem nun alle Faktoren des Modells dargestellt wurden, sei an dieser Stelle darauf hingewiesen, dass der häufig verwendete Faktor der Inflation nicht in das Modell aufgenommen wurde, da hier eine hohe Korrelation zur Zinsstruktur unterstellt werden kann und somit kein großer zusätzlicher Erkenntnisgewinn zu erwarten ist.[111] Aus den Grafiken geht eindeutig hervor, dass für alle fünf Faktoren ein Trend vorliegt. Die Faktoren FX und ZS sind dabei abwärts gerichtet – die übrigen Werte zeigen einen langfristigen Aufwärtstrend. Außerdem lässt sich aus Abbildung 2 im Kursverlauf vermuten, dass die Zeitreihe IP keine Stationarität aufweist,

---

[109] Vgl. *Chen, N. et al.*, Economic Forces and the Stock Market, S. 390.
[110] Vgl. *https://www.spiegel.de/wirtschaft/unternehmen/weltweite-finanzkrise-wall-street-startet-mit-verlusten-a-779018.html*, Zugriff am 20.02.2020.
[111] Vgl. *Nowak, T.*, Faktormodelle in der Kapitalmarkttheorie, S. 150.

da in den Jahren 2009-2012 ein deutlich größerer Anstieg erkennbar ist als im Zeitraum 2012-2015.

Um nun eine vergleichbare Datengrundlage zu schaffen, ist in Anlehnung an die Renditeberechnung der Aktienkurse eine Berechnung der Änderungsraten der Faktoren erforderlich. Zur Wahrung der Konsistenz innerhalb der Daten wurden die Änderungsraten der makroökonomischen Zeitreihen ebenfalls logarithmiert berechnet.[112] In einigen Arbeiten in der APT-Forschung werden die makroökonomischen Faktoren zusätzlich dahingehend analysiert, ob die Informationen aus den Zeitreihen erst deutlich nach der Entstehung veröffentlicht werden. Dies könnte zu einer verzögerten Reaktion der Marktteilnehmer führen, sodass eine Lag-Struktur entsteht, die dann gegebenenfalls berücksichtigt werden müsste. Im Rahmen dieser Arbeit wurde auf eine zeitliche Verschiebung der Zeitreihen verzichtet, um einen weiteren manuellen und oftmals willkürlichen Eingriff in die Daten zu vermeiden.[113] Darüber hinaus soll der Fokus in dieser Arbeit auf die Untersuchung des tatsächlichen inneren Zusammenhangs zwischen den Variablen gelegt werden.

3.2.2 Anpassung der Zeitreihen

Nachdem die unerwarteten Änderungen der makroökonomischen Faktoren besondere Relevanz für die anschließenden Regressionen besitzen, werden die Zeitreihen in diesem Schritt statistisch überprüft und gegebenenfalls angepasst. Dies ist wiederum damit zu begründen, dass die Marktteilnehmer auf erwartete Änderungen reagieren und diese somit bereits eingepreist sind. Die unerwarteten Änderungen ergeben sich als Differenz zwischen den antizipierten und tatsächlich eingetretenen Werten.[114] Für die Anpassung der Zeitreihen wurde eine ARIMA-Modellierung vorgenommen. Ein ARIMA-Prozess setzt sich aus den drei Bestandteilen AR, I und MA zusammen. Ein autoregressives Modell (AR) ist eine Zeitreihe, die mit sich selbst korreliert ist. Somit besteht ein gewisser Zusammenhang zwischen den vergangenen und aktuellen beziehungsweise zukünftigen Werten.[115] Der Wert der Integration (I) gibt an, wie oft Differenzen gebildet werden müssen, um einen stationären Prozess zu erhalten. Das Moving-Average-Modell (MA) hingegen unterstellt, dass die heutige Ausprägung einer Variable dem gewichteten Durchschnitt aus den

---

[112] Vgl. *Nowak, T.*, Faktormodelle in der Kapitalmarkttheorie, S. 151.
[113] Vgl. *Nowak, T.*, Faktormodelle in der Kapitalmarkttheorie, S. 152.
[114] Vgl. *Lockert, G.*, Risikofaktoren und Preisbildung am deutschen Aktienmarkt, S. 223.
[115] Vgl. *DeFusco, R. et al.*, Quantitative Methods for Investment Analysis, 2001, S. 500.

Werten der Vorperioden unterliegt.[116] Vereinfacht ausgedrückt wird damit unterstellt, dass beim Moving-Average-Prozess erster Ordnung Datenpunkte in Zeitreihen keine Korrelation aufweisen, wenn diese mindestens zwei Perioden auseinanderliegen.

Um für die fünf Faktorzeitreihen eine entsprechende ARIMA-Modellierung vornehmen zu können, muss dafür zunächst die Grundvoraussetzung der Stationarität erfüllt sein. Diese Anforderung wird wie bei den Aktienrenditen mittels des ADF-Tests überprüft. Sofern die Zeitreihen nicht stationär sind, muss eine Bereinigung der Daten erfolgen, bevor die unerwarteten Änderungen aus der Zeitreihe extrahiert werden können.[117] Die Bereinigung soll im Rahmen dieser Arbeit durch Differenzenbildung geschehen. Um eine Überdifferenzierung und damit eine Varianzerhöhung zu vermeiden, wurde die Anzahl der nötigen Ableitungen durch die Funktion auto.arima() in R ermittelt. Im Hintergrund werden hierfür wiederholt KPSS-Tests durchgeführt, die jedem ARIMA(p,d,q)-Modell einen Wert d zuweisen.[118] Erst, wenn dieser Wert für alle makroökonomischen Faktoren gleich Null ist, kann mit der Untersuchung fortgefahren werden. Die Funktion auto.arima() ermittelt ebenfalls die jeweiligen Ordnungen der AR- und MA-Prozesse der ARIMA-Modelle, indem verschiedene Konstellationen von p- und q-Werten getestet werden. Dabei wird diejenige Zusammensetzung der Werte ausgewählt, bei dem das akaike Informationskriterium (AIC) am geringsten ausfällt.[119] Die automatische ARIMA-Ermittlung hat sich dabei bereits gegenüber der manuellen Vorgehensweise durchgesetzt.[120]

---

[116] Vgl. *DeFusco, R. et al.*, Quantitative Methods for Investment Analysis, 2001, S. 524.
[117] Vgl. *Nowak, T.*, Faktormodelle in der Kapitalmarkttheorie, S. 158-159.
[118] Vgl. https://otexts.com/fpp2/arima-r.html, Zugriff am 20.02.2020.
[119] Vgl. https://otexts.com/fpp2/arima-r.html, Zugriff am 20.02.2020.
[120] Vgl. *Stier, W.*, Methoden der Zeitreihenanalyse, S. 111.

Die ermittelten ARIMA-Werte werden in Tabelle 2 dargestellt.

Variable	Spezifizierung
Änderung_IP	ARIMA(1, 0, 0)
Änderung_FX	ARIMA(0, 0, 1)
Änderung_IFO	ARIMA(1, 0, 0)
Änderung_ZS	ARIMA(0, 0, 0)
Änderung_CDAX	ARIMA(2, 0, 0)

Tabelle 2: ARIMA-Spezifizierungen
Quelle: Eigene Darstellung

Aus den fünf ARIMA(p,d,q)-Modellen lässt sich erkennen, dass keine weitere Differenzierung notwendig ist, da alle d-Werte gleich Null sind. Außerdem muss die Qualität der ARIMA-Modellierungen überprüft werden. Hierfür wurde eine Diagnose in R durchgeführt. Die zugehörigen Grafiken befinden sich in Anhang 4. Zusammenfassend lässt sich an dieser Stelle festhalten, dass sowohl die Autokorrelationsfunktionen als auch die p-Werte der Ljung-Box-Statistiken auf eine ordnungsgemäße Modellierung hindeuten lassen, da die p-Werte stets über dem in dieser Arbeit relevanten Signifikanzniveau von $\alpha = 0{,}05$ liegen.

Um nun die unerwarteten Änderungen der Zeitreihen zu erhalten, wurden die Residuen der jeweiligen ARIMA-Modelle in neue Zeitreihen extrahiert. Die folgenden Grafiken verdeutlichen den Unterschied zwischen der ursprünglichen Änderungsrate und den unerwarteten Änderungen. Die in den Abbildungen 2-6 dargestellten Änderungsraten werden nun in Abbildung 7 zusammengeführt und um die unerwarteten Faktoränderungen ergänzt. Dabei bildet die schwarze Linie die Änderungsraten ab und die rote Linie entspricht dem Verlauf der unerwarteten Änderungen. Je näher die beiden Linien zusammenliegen, desto kleiner ist der Anteil der Änderungen, die erwartet werden können.

Aufbau des Modells

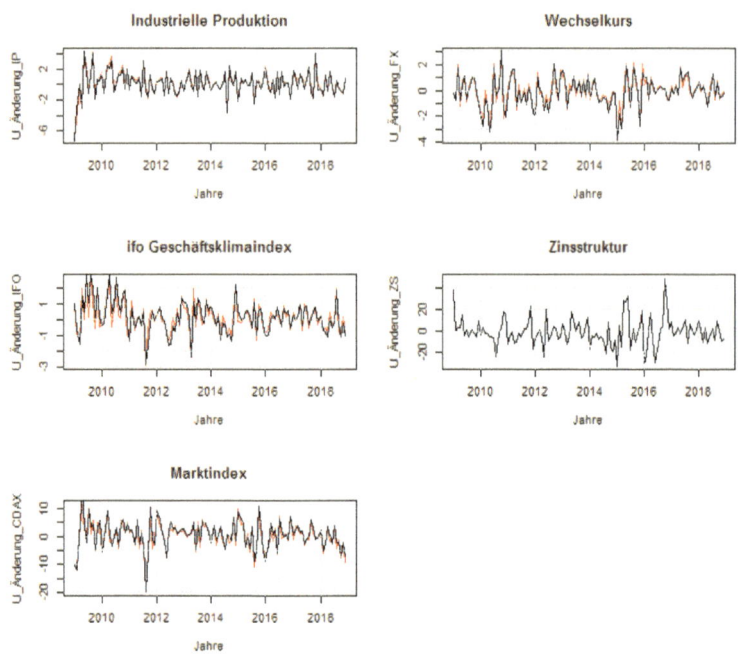

Abbildung 7: Darstellung der unerwarteten Faktoränderungen
Quelle: Eigene Darstellung aus RStudio

Zusammenfassend lässt sich festhalten, dass die unerwarteten Änderungen einen Großteil der Änderungsrate ausmachen, da die beiden Kurven nahezu identisch verlaufen. Bei der Zinsstruktur gibt es keine Abweichungen zwischen den beiden Zeitreihen. Somit sind 100 % der Faktoränderungen unerwartet. Die Zeitreihen der unerwarteten Faktoränderungen bilden nun die Grundlage für die weitere Untersuchung.[121]

3.2.3 Statistische Überprüfung der Faktorzeitreihen

Um ein möglichst aussagekräftiges APT-Modell aufzubauen, sollte auf eine geringe Korrelation zwischen den Regressoren geachtet werden. Eine zu hohe Korrelation zwischen den erklärenden Variablen kann bei der Zeitreihenregression zu Multikollinearität und damit zu unkorrekten Schätzungen der Faktorsensitivitäten

---

[121] Vgl. *Lockert, G.*, Risikofaktoren und Preisbildung am deutschen Aktienmarkt, S. 226.

führen.[122] Darüber hinaus erhöht sich die Komplexität des Modells bei der Aufnahme jedes weiteren Faktors. Ohne einen nennenswerten Zuwachs an Erklärgehalt ist diese Komplexität nicht zu rechtfertigen. Die häufigste Lösung zur Reduzierung von Multikollinearität ist das Streichen einer oder mehrerer erklärenden Variablen.[123] Alternativ kann eine sequentielle Orthogonalisierung vorgenommen werden, bei der die Einflüsse der erklärenden Variablen untereinander eliminiert werden und somit eine Korrelation von Null vorliegt.[124] Aus diesem Grund wurde darauf geachtet, dass die Faktoren untereinander eine möglichst geringe Korrelation aufweisen, um Redundanzen in den erklärenden Variablen zu vermeiden. Einen Überblick über die einzelnen Korrelationskoeffizienten bietet die folgende Korrelationsmatrix.

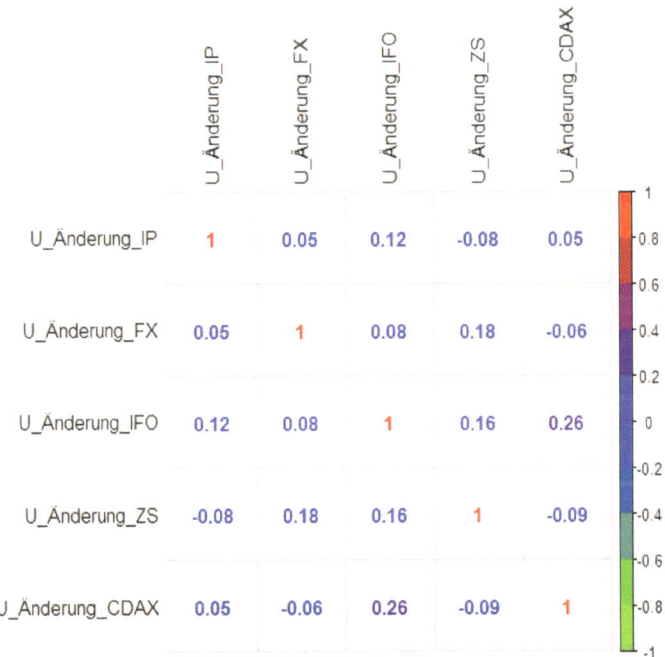

Abbildung 8: Korrelationsmatrix der unerwarteten Faktoränderungen
Quelle: Eigene Darstellung aus RStudio

---

[122] Vgl. *Verbeek, M.*, Moderne Ökonometrie, S. 58.
[123] Vgl. *DeFusco, R. et al.*, Quantitative Methods for Investment Analysis, 2001, S. 459.
[124] Vgl. *Nowak, T.*, Faktormodelle in der Kapitalmarkttheorie, S. 182.

Aus Abbildung 8 lässt sich erkennen, dass keine starken Korrelationen vorliegen und somit keine Gefahr der Multikollinearität bestehen sollte. Zur Bestätigung wurde im Folgenden der Varianzinflationsfaktor (VIF) für die Beziehung zwischen IFO und CDAX ermittelt, da der Korrelationskoeffizient mit 0,26 im Vergleich zu den restlichen Werten auffällig hoch ist und auf eine schwache Korrelation schließen lässt. Der VIF lässt einen Rückschluss auf das Vorliegen von Multikollinearität zu. Dabei bedeutet ein VIF = 1, dass keine Korrelation vorliegt – je höher der ermittelte Wert wird, desto eher muss von Multikollinearität ausgegangen werden. Über eine Hilfsregression konnte für die Beziehung zwischen den unerwarteten Änderungen der Faktoren IFO und CDAX ein VIF von rund 1,012 ermittelt werden. Aus diesem Grund sollte sich in der nachfolgenden Analyse die Problematik der Multikollinearität nicht stellen – eine Anpassung der Regressoren ist damit nicht erforderlich.[125]

Anschließend erfolgte ebenfalls eine Analyse der Autokorrelationsfunktion. Darüber hinaus wurde in diesem Schritt auch die partielle Autokorrelation betrachtet, die die Abhängigkeiten zwischen verschiedenen Datenpunkten innerhalb der Zeitreihe überprüft und dabei dazwischenliegende Daten unberücksichtigt lässt. Die Ergebnisse lassen keine Autokorrelation vermuten, da sich alle Werte mit zwei minimalen Ausnahmen für die Variablen IFO und ZS im Normbereich befinden. Die Grafiken sind dem Anhang 5 zu entnehmen.

3.3 Regressionen und Regressionsdiagnostik

Nachdem die Daten nun vollständig erhoben, angepasst und überprüft wurden, kann in einem nächsten Schritt die Regressionsanalyse zur Untersuchung der Zeitreihen durchgeführt werden. Bei einer Regression wird die Abhängigkeit zwischen zwei oder mehreren Variablen untersucht. Bei der einfachen linearen Regression wird eine Regressionsgerade geschätzt, die den Verlauf der erhobenen x- und y-Werte möglichst exakt beschreibt.[126] Hierzu werden die quadrierten Abweichungen zwischen den geschätzten und tatsächlichen Werten minimiert.[127] Dabei stellt der Regressand die abhängige Variable dar – die unabhängige Variable wird als Regressor bezeichnet. Grundlegend verfolgt das Modell dieser Arbeit einen zweistufigen Ansatz bei dem zunächst Zeitreihenregressionen zur Ermittlung der

---

[125] Vgl. *Backhaus, K. et al.*, Multivariate Analysemethoden, S. 100.
[126] Vgl. *Backhaus, K. et al.*, Multivariate Analysemethoden, S. 67.
[127] Vgl. *Verbeek, M.*, Moderne Ökonometrie, S. 22.

jeweiligen Faktorsensitivitäten durchgeführt werden. Im Anschluss werden die geschätzten Faktorladungen in mehreren Querschnittsregressionen verwendet, um die Risikoprämien je Faktor zu bestimmen. Bei diesem zweistufigen Ansatz kann sich ein Fehler-in-den-Variablen-Problem ergeben, da in den Querschnittsregressionen mit den ermittelten Schätzwerten aus den Zeitreihenregressionen weitergerechnet wird.[128]

Es wurden 85 multiple lineare Regressionen in R durchgeführt, die die logarithmierte Rendite jeder Einzelaktie als abhängige und die fünf Zeitreihen der unerwarteten Faktoränderungen als unabhängige Variable verwenden. Diese Zeitreihenregressionen folgen dem Schema aus Formel 7.

$$r_i = \alpha_i + \beta_{i,1} * [f_1 - E(f_1)] + \cdots + \beta_{i,k} * [f_k - E(f_k)] + \varepsilon_i \quad (7)$$

Formel 7: Zeitreihenregression
Quelle: Bessler, W., Opfer, H., Makroökonomische Faktoren, 2003, S. 415

Im Anschluss empfiehlt sich die Bildung von Portfolios, um das Fehler-in-den-Variablen-Problem bei den folgenden Querschnittsregressionen zu reduzieren.[129] Dabei wird angenommen, dass sich die Schätzfehler der Zeitreihenregressionen innerhalb eines Portfolios gegenseitig ausgleichen.[130] Außerdem wurden durch die Portfoliobildung bereits verbesserte Ergebnisse in Bezug auf die Signifikanz von Risikoprämien erzielt.[131] Damit von einer ausreichenden Diversifikation ausgegangen werden kann, soll eine Mindestanzahl von 20 Aktien je Portfolio nicht unterschritten werden.[132] In bisherigen Untersuchungen wurden die Unterteilungen beispielsweise nach Branchen vorgenommen. Hierfür ist die Anzahl der untersuchten Aktien jedoch zu gering, die die Anforderungen für die vorliegende Arbeit erfüllen. Eine alphabetische Aufteilung, wie sie ebenfalls bereits durchgeführt wurde, erscheint wenig zweckmäßig. Nachdem die Korrelationen von Aktienrenditen steigen, wenn sich deren Unternehmensgrößen annähern, werden drei Index-Portfolios gebildet.[133] Somit umfasst das DAX-Portfolio 23, das MDAX-Portfolio 25 und das SDAX-Portfolio 37 Werte. Damit werden verschiedene Ansätze kombiniert und

---

[128] Vgl. *Fama, E., MacBeth, J.*, Risk, Return, and Equilibrium: Empirical Tests, S. 614.
[129] Vgl. *Fama, E., French, K.*, The Capital Asset Pricing Model: Theory and Evidence, S. 31.
[130] Vgl. *Schneider, S.*, Kapitalmarktmodelle und erwartete Renditen am deutschen Aktienmarkt, 2001, S. 298.
[131] Vgl. *Nowak, T.*, Faktormodelle in der Kapitalmarkttheorie, S. 270.
[132] Vgl. *Reilly, F., Brown, K.*, Investment Analysis and Portfolio Management, 1997, S. 285.
[133] Vgl. *Huberman, G., Wang, Z.*, Arbitrage Pricing Theory, 2005, S. 10.

es ist eine Interpretation der Ergebnisse in Abhängigkeit von der Unternehmensgröße möglich.

Nun können die mittleren Aktienrenditen für jedes Portfolio verwendet werden, die bereits in der Deskriptivstatistik (Anhang 1) ermittelt wurden. Diese drei Vektoren wurden im Anschluss auf die zuvor ermittelten Sensitivitätskoeffizienten regressiert. Dafür wurden ebenfalls für jedes Portfolio drei Matrizen mit den Betas aller Faktoren gebildet, um die Querschnittsregressionen nach Formel 8 durchzuführen.

$$r_i = \gamma_0 + \beta_1 * \gamma_1 + \cdots + \beta_k * \gamma_k + \varepsilon_i \tag{8}$$

Formel 8: Querschnittsregression
Quelle: *Bessler, W., Opfer, H.*, Makroökonomische Faktoren, 2003, S. 415

Mit der Durchführung der linearen multiplen Querschnittsregressionen wird neben der Risikoprämie auch ein risikofreier Zins ermittelt. Dabei kann in der Interpretation vom Grundgedanken des CAPM ausgegangen werden, dass sich die Rendite eines Wertpapiers aus diesen beiden Komponenten zusammensetzt.

Im Anschluss an die Durchführung der Regressionen erfolgte noch eine Analyse der Qualität der Regressionen. Hierfür sind verschiedene Kriterien relevant, die nachfolgend diskutiert werden. Die Überprüfung, ob die Regressionen diese Anforderungen erfüllen, wird in mehreren Schritten vorgenommen.[134] Aufgrund der hohen Anzahl der durchgeführten Regressionen wird auf eine visuelle Veranschaulichung verzichtet. Zunächst ist es erforderlich, dass eine lineare Beziehung zwischen der unabhängigen und den abhängigen Variablen besteht. Nachdem dies eine Grundprämisse der APT ist, erfolgt dafür keine gesonderte Prüfung.[135] Als nächstes muss überprüft werden, ob das Modell korrekt spezifiziert wurde und die erklärenden Variablen sowohl in Anzahl und Art plausibel sind. Nachdem in der APT-Forschung bereits mehrfach Untersuchungen mit fünf erklärenden Variablen durchgeführt wurden, sollte auch im vorliegenden Modell aus ökonometrischer Sicht weder ein Over- noch ein Underfitting vorliegen.[136] Zur Art der gewählten Faktoren lässt sich im Voraus nicht feststellen, ob die Auswahl korrekt ist – auch das liegt in der Natur der APT, da die Faktoren bei der Vorabspezifikation nur auf Plausibilität geprüft

---

[134] Vgl. *Backhaus, K. et al.*, Multivariate Analysemethoden, S. 90.
[135] Vgl. *Lockert, G.*, Risikofaktoren und Preisbildung am deutschen Aktienmarkt, S. 176.
[136] Vgl. *Backhaus, K. et al.*, Multivariate Analysemethoden, S. 94.

werden können. Nachdem dieser Schritt in Kapitel 3.2.1 durchgeführt wurde, gilt die Anforderung damit als erfüllt. Im Anschluss müssen die Residuen der Regressionen überprüft werden. Hierfür sind im Rahmen der APT insbesondere die Annahme der Homoskedastizität und der fehlenden Autokorrelation von Bedeutung.[137] Heteroskedastizität liegt vor, wenn die Varianz der Residuen nicht konstant ist.[138] Zur Überprüfung wurde der Goldfeld-Quandt-Test herangezogen, dessen Nullhypothese auf Homoskedastizität testet. Dafür wird eine Unterteilung der Zeitreihe in zwei gleich große Teilabschnitte vorgenommen. Wenn die Varianzen der Residuen in beiden Perioden identisch sind, kann von perfekter Homoskedastizität ausgegangen werden.[139] Die Testdurchführung ergab, dass bei sechs Regressionen Heteroskedastizität vorliegt. In diesen Regressionen muss bei der Interpretation der Regressionskoeffizienten beachtet werden, dass es bei der Ermittlung des Standardfehlers zu Verzerrungen kommen kann.[140]

Die Überprüfung der Autokorrelation innerhalb der Regressionen erfolgte mit dem Durbin-Watson-Test.[141] Damit wird überprüft, ob die Residuen untereinander unkorreliert sind.[142] Es zeigte sich, dass für lediglich zwei der Regressionen eine Autokorrelationsstruktur vorliegt. Nachdem insbesondere bei Zeitreihen oftmals Autokorrelation vorliegt, ist dieses Ergebnis als positiv einzuordnen. Es müssen jedoch auch hier mögliche Verzerrungen berücksichtigt werden. Außerdem muss in Bezugnahme auf Kapitel 2.1 davon ausgegangen werden, dass das vorliegende Modell einer approximativen Faktorstruktur unterliegt, da die Kovarianzen zwischen den Aktienrenditen aufgrund der Korrelation der Residuen nicht vollständig erklärt werden können.[143] Für die zwei Zeitreihenregressionen, bei denen nicht von fehlender Autokorrelation ausgegangen werden kann, muss die Möglichkeit in Betracht gezogen werden, dass eine relevante Einflussgröße nicht in das Modell aufgenommen wurde. Aus diesem Grund kann es zu einer Unterschätzung der Varianzen der Regressionkoeffizienten kommen.[144]

---

[137] Vgl. *Nowak, T.*, Faktormodelle in der Kapitalmarkttheorie, S. 179.
[138] Vgl. *Backhaus, K. et al.*, Multivariate Analysemethoden, S. 94.
[139] Vgl. *Backhaus, K. et al.*, Multivariate Analysemethoden, S. 95.
[140] Vgl. *Backhaus, K. et al.*, Multivariate Analysemethoden, S. 96.
[141] Vgl. *Lockert, G.*, Risikofaktoren und Preisbildung am deutschen Aktienmarkt, S. 177.
[142] Vgl. *Backhaus, K. et al.*, Multivariate Analysemethoden, S. 96-97.
[143] Vgl. *Oertmann, P.*, Strands of the Arbitrage Pricing Theory, 1996, S. 7.
[144] Vgl. *Nowak, T.*, Faktormodelle in der Kapitalmarkttheorie, S. 180.

Darüber hinaus ist die Normalverteilung der Residuen zu überprüfen, wofür der Shapiro-Wilk-Test verwendet wurde. Die Nullhypothese prüft dabei, ob Normalverteilung vorliegt. Wie bereits bei der Überprüfung der Verteilungsform der Aktienrenditen fallen die Ergebnisse hier uneinheitlich aus. Dies sollte die Aussagekraft der Regressionen jedoch nicht beeinträchtigen, da insbesondere die Autokorrelationsstruktur der Residuen ausschlaggebend für die Interpretationsfähigkeit des Modells ist.[145] Die Diagnostik der Querschnittsregressionen weist sowohl für die univariate als auch multivariate Durchführung weder Autokorrelation noch Heteroskedastizität der Residuen auf. Die vollständigen Testergebnisse werden in den Anhängen 7 und 8 dargestellt.

---

[145] Vgl. *Nowak, T.*, Faktormodelle in der Kapitalmarkttheorie, S. 180.

4 Analyse und Interpretation der Ergebnisse

In diesem Kapitel werden die Ergebnisse der Untersuchung zusammenfassend dargestellt. Für die Zeitreihenregressionen konnten mehrere signifikante Betas ermittelt werden, was wiederum eine gute Voraussetzung für valide Ergebnisse in den Querschnittsregressionen darstellt. Eine vollständige Übersicht über die Ergebnisse der 85 Zeitreihenregressionen findet sich in Anhang 6. Dabei wird neben den einzelnen Faktorsensitivitäten auch die jeweilige Signifikanz aufgeführt. Drei Sterne weisen auf eine starke Signifikanz auf einem Niveau von 1 ‰ hin, zwei Sterne stehen für eine immer noch hohe Signifikanz bei 1 % und ein Stern bestätigt eine mittlere Signifikanz auf dem 5 %-Niveau. Ergebnisse mit einem niedrigeren Signifikanzniveau finden in der nachfolgenden Analyse keine Berücksichtigung.

Es ist auffällig und intuitiv nachvollziehbar, dass insbesondere für den Marktfaktor eine fast ausnahmslose Signifikanz auf höchstem Niveau vorliegt. Dennoch scheint der Marktfaktor für das DAX-Portfolio eine höhere Signifikanz aufzuweisen als für das MDAX- und SDAX-Portfolio, bei denen vereinzelt keine Signifikanz festgestellt werden kann. Doch auch die anderen Faktoren wirken teilweise auf bestimmte Aktien ein. Auffällig ist hier beispielsweise der starke Einfluss der Industrieproduktion auf die Aktienrendite der Continental AG. Wenn sich die Industrieproduktion um 1 % erhöht, steigt die Aktienrendite um rund 1,69 %.[146] Eine mögliche ökonomische Begründung dieses Ergebnisses kann darin liegen, dass die Continental AG als Automobilzulieferer von der aktuellen Produktion der Automobilindustrie abhängig ist. Die Automobilindustrie stellt wiederum einen großen Teil der industriellen Produktion Deutschlands dar. Wenn nun viele Automobile produziert werden, steigt die Nachfrage nach Zubehör, wovon die Zulieferer profitieren. Dies spiegelt sich in einem überproportionalen Wachstum der Aktienrendite wider.

Insgesamt lässt sich festhalten, dass die Zeitreihenregressionen mit einer zufriedenstellenden Modellgüte durchgeführt werden konnten. Als Maß wird hier das multiple R^2 herangezogen. Das R^2 gibt an, welcher Anteil der Varianz der abhängigen Variable durch die unabhängigen Variablen erklärt werden können. Dabei wird der Grad der Beziehung der abhängigen und den unabhängigen Variablen durch die Korrelation der geschätzten und tatsächlichen Werte der abhängigen Variable ermittelt.[147] Auffällig ist, dass das Bestimmtheitsmaß der Regressionen für das

---

[146] Vgl. *Backhaus, K. et al.*, Multivariate Analysemethoden, S. 65.
[147] Vgl. *DeFusco, R. et al.*, Quantitative Methods for Investment Analysis, 2001, S. 431.

DAX-Portfolio mit durchschnittlich rund 46 % deutlich höher liegt, als für das MDAX-Portfolio (28 %) und das SDAX-Portfolio (26 %). Dies kann unter anderem mit der in Abhängigkeit zur Unternehmensgröße sinkenden Signifikanz des Marktindex zusammenhängen. Darüber hinaus kann dies ein Indiz dafür sein, dass die gewählte Faktorkombination für mittlere und kleine Unternehmen nicht optimal ist. Diese Tatsache alleine bietet aber keinen vollumfänglichen Aufschluss zur Qualität der makroökonomischen Faktoren. Nachdem die Zeitreihenregressionen in multivariater Form durchgeführt wurden, erhöht sich die Modellgüte in Form des multiplen R^2 automatisch mit der Hinzunahme jedes weiteren Regressors. Aus diesem Grund muss auch das adjustierte R^2 betrachtet werden. Hier wird für jeden hinzukommenden Faktor, der in das Modell aufgenommen wird, ein Strafterm eingerechnet, der die steigende Komplexität des Modells berücksichtigt.[148] Sofern eine große Abweichung zwischen dem multiplen R^2 und dem adjustierten R^2 besteht, deutet dies auf eine nicht optimale Faktorkombination hin. Nachdem in der Gesamtbetrachtung nur eine Differenz von rund 3 Prozentpunkten zwischen den beiden Gütemaßen besteht, kann von einem adäquaten Modell ausgegangen werden.

Anschließend wurden die Querschnittsregressionen – zunächst in multivariater Form – durchgeführt. Nachdem die Aktienrenditen in der vorliegenden Untersuchung auf monatlicher Basis erhoben wurden, erfolgte bei der Ermittlung der mittleren Aktienrenditen eine entsprechende Annualisierung der ermittelten Risikoprämien mit dem Faktor 12. Dabei ergaben sich die in Tabelle 3 aufgeführten Ergebnisse für den risikolosen Zins und die jeweiligen Risikoprämien.

Faktor	PF_DAX	PF_MDAX	PF_SDAX
rf	8,6642	26,1640**	13,0697*
IP	-0,2749	1,7470	0,7056
FX	-3,9401	-1,7780	0,0786
IFO	4,9502*	3,0360	-0,2352
ZS	-22,5045	-43,6050	-88,3390*
CDAX	0,8743	-11,8370	-1,0354

Tabelle 3: Ergebnisse der Querschnittsregressionen
Quelle: Eigene Darstellung

Es ist zu erkennen, dass der risikofreie Zins deutlich über dem für die betrachtete Periode realistischen Niveau liegt. Da die geschätzten Werte nicht plausibel

---

[148] Vgl. *DeFusco, R. et al.*, Quantitative Methods for Investment Analysis, 2001, S. 439.

erscheinen, werden sie im weiteren Verlauf nicht mehr berücksichtigt.[149] Aus diesem Grund empfiehlt sich die Betrachtung der Rendite ohne risikolosen Zins, da hierfür ausschließlich die Risikoprämien aus den Faktoren relevant sind. Für das DAX-Portfolio besteht eine signifikante Risikoprämie von 4,95 % für den ifo Geschäftsklimaindex. Das SDAX-Portfolio hingegen weist eine negative Risikoprämie von 88,34 % für die Zinsstruktur auf. Dieser Wert fällt extrem hoch aus, da bei der Generierung der Faktorzeitreihe nicht die absoluten Werte der Zinsdifferenzen, sondern deren Änderungsrate verwendet wurde. Wie bereits in Kapitel 3.2.1 dargestellt, kommt es deswegen zu überdurchschnittlich hohen und sprunghaften Änderungsraten.

In Bezug auf die in Kapitel 2.1 dargestellte Formel zur Ermittlung der erwarteten Rendite auf Grundlage der geschätzten Exposures und Risikoprämien kann folgendes Veranschaulichungsbeispiel anhand der Aktienrendite der Adidas AG angeführt werden. Der geschätzte risikolose Zins wird durch eine Annahme von 0,5 % ersetzt. Damit wird ein Zinsniveau unterstellt, das unter Anbetracht der Zinsentwicklung und des heutigen Niveaus als realistisch betrachtet werden kann.

$$E_i = 0,5\,\% + (-0,27) * 0,0213 + (-3,94) * (-0,05) + 4,95 * 1,3$$
$$+ (-22,5) * (-0,05) + 0,87 * 0,73 \quad (9)$$
$$= 8,89\,\%.$$

Formel 9: Erwartete Rendite der Adidas AG
Quelle: In Anlehnung an *Burmeister, E. et al.*, A Practitioner's Guide to Arbitrage Pricing Theory, 1994, S. 11

Aus der Summe des risikolosen Zinssatzes und den mit den Faktorbetas gewichteten Risikoprämien ergibt sich für die Adidas AG eine erwartete Rendite von rund 8,89 % beziehungsweise eine Überschussrendite von 8,39 % jährlich. Dabei fällt zunächst auf, dass die hohe Risikoprämie der Zinsstruktur durch ein entsprechend niedriges Beta kompensiert wird. Darüber hinaus ist auffällig, dass einige Risikoprämien ein negatives Vorzeichen besitzen. Rein intuitiv ist dies nachvollziehbar, da zum Beispiel für die Zinsstruktur oftmals negative Faktorbetas vorliegen. Dies kann damit begründet werden, dass die Aktienkurse während des Betrachtungszeitraums überwiegend gestiegen sind, wohingegen die Zinsen gesunken sind. Aufgrund dieses Zusammenhangs wird die negative Risikoprämie durch das negative

---

[149] Für ähnlich hohe Schätzwerte zum risikofreien Zins: Vgl. *Nowak, T.*, Faktormodelle in der Kapitalmarkttheorie, S. 243.

Beta ausgeglichen und somit entsteht in Summe ein positiver Beitrag zur erwarteten Rendite.[150]

Generell sollte die Anzahl der Portfolios in einer APT-Untersuchung möglichst groß sein, damit keine Effizienzverluste eintreten.[151] Diese Anforderung ist aufgrund der begrenzten Aktienanzahl mit der Voraussetzung der Diversifikation innerhalb des Portfolios nicht vereinbar. Aus diesem Grund erfolgte eine zusätzliche Prüfung auf Robustheit der Ergebnisse. Hierfür wurden einfache lineare Querschnittsregressionen durchgeführt, um überprüfen zu können, ob ein Simpson-Paradoxon vorliegt. Dies wäre der Fall, wenn die Ergebnisse der einfachen deutlich von denen der multiplen Querschnittsregressionen abweichen und damit ein Vorzeichenwechsel einhergeht.[152] Die Ergebnisse der univariaten Querschnittsregressionen werden in Tabelle 4 dargestellt.

Faktor	PF_DAX	PF_MDAX	PF_SDAX
IP	-1,6540	-3,8010	3,9450
FX	-5,3050	-7,0080	-0,6313
IFO	5,6730**	3,9180	-1,0970
ZS	-57,7380	-97,7760	-92,2920**
CDAX	0,6263	-13,6270	-2,4870

Tabelle 4: Ergebnisse der univariaten Querschnittsregressionen
Quelle: Eigene Darstellung

Beim Abgleich der Ergebnisse fällt zunächst auf, dass die absoluten Werte für die Zinsstruktur teilweise deutlich voneinander abweichen. Nachdem diese jedoch sowohl für die einfachen als auch die multiplen Regressionen sehr hohe Risikoprämien aufweisen, wird die Differenz als nicht gefährdend wahrgenommen. Ohne den Faktor ZS liegt eine durchschnittliche Abweichung von unter 2 Prozentpunkten vor, die grundsätzlich für ein robustes Modell spricht. Beim Vergleichen der Vorzeichen fallen jedoch zwei Wechsel auf, die genauer betrachtet werden müssen. Zum einen besteht eine Differenz von rund 0,71 Prozentpunkten beim Faktor FX für das SDAX-Portfolio. Da sich die absoluten Werte jeweils um den Nullpunkt bewegen, ist ein Vorzeichenwechsel vertretbar, da dies als normale Schwankung interpretiert werden kann. Zum anderen weichen die Risikoprämien des Faktors IP für das MDAX-

---

[150] Vgl. *Burmeister, E. et al.*, A Practitioner's Guide to Arbitrage Pricing Theory, S. 11.
[151] Vgl. *Nowak, T.*, Faktormodelle in der Kapitalmarkttheorie, S. 199.
[152] Vgl. *Wagner, C.*, Simpson's Paradox in Real Life, S. 46.

Portfolio um über 5 Prozentpunkte ab. Diese Abweichung in Kombination mit einem Vorzeichenwechsel muss bei der Interpretation der Ergebnisse kritisch betrachtet werden. Nachdem es sich hierbei jedoch um keine signifikante Risikoprämie handelt, kann insgesamt dennoch auf ein robustes Modell geschlossen werden.

5 Fazit und Ausblick

Zusammenfassend lässt sich festhalten, dass eine signifikante positive Risikoprämie für die Industrieproduktion in Bezug auf das DAX-Portfolio und eine signifikante negative Risikoprämie für das SDAX-Portfolio gegenüber der Zinsstruktur ermittelt werden konnte. Die Tatsache, dass diese Ergebnisse jeweils für die beiden anderen Portfolios nicht festzustellen sind, lässt auf den bei der Portfoliobildung vermuteten Einfluss der Unternehmensgröße schließen. Aufgrund der Tatsache, dass die Modellgüte sowie der Anteil signifikanter Faktorbetas für das DAX-Portfolio am höchsten sind, lässt sich daraus der Rückschluss ableiten, dass das vorliegende Modell am besten für Blue Chips geeignet ist. Rückblickend betrachtet wäre gegebenenfalls eine größere Anzahl an Aktien in Verbindung mit einer Portfoliobildung nach Branchen sinnvoll gewesen, um bewertungsrelevante Faktoren für bestimmte Branchen identifizieren zu können.

Die Tatsache, dass keine durchweg signifikant von Null verschiedenen Risikoprämien ermittelt werden konnten, führt jedoch nicht dazu, dass die APT im vorliegenden Modell abgelehnt werden müsste. Möglicherweise gibt es Faktorkombinationen, die die untersuchten Aktienrenditen im gewählten Zeitraum besser beschreiben hätten können. An dieser Stelle stellt sich die Frage, ob es für künftige APT-Untersuchungen sinnvoll sein könnte, makro- und mikroökonomische Faktoren zu kombinieren. Somit würden sowohl volkswirtschaftliche als auch unternehmensbezogene Daten Einzug in das Modell finden, was eine höhere Individualisierung ermöglichen würde. Über diesen Aspekt könnte ebenfalls der Size-Effekt besser berücksichtigt werden und gegebenenfalls noch ein Momentum-Faktor hinzugefügt werden, der die jüngste Performance des Aktienkurses miteinbezieht.[153] Generell stellt sich die Frage, welche Faktoren in Zukunft die Grundlage für die Weiterentwicklung der APT beziehungsweise von Multifaktormodellen im Allgemeinen bilden könnten. Aufgrund der aktuellen Diskussion zum Thema Nachhaltigkeit könnte hier der Faktor ESG (Environment, Social, Governance) eine tragende Rolle spielen. Dies kann zum einen damit begründet werden, dass Aktionäre künftig verstärkt auf das nachhaltige Wirtschaften der Unternehmen achten. Zum anderen könnten Unternehmen, die sich nicht an bestimmte Vorschriften – zum Beispiel die Umsetzung der CO_2-Neutralität – halten, wirtschaftlichen Schaden erleiden. Es gibt bereits eine Welle an neuen Finanzprodukten, die neben bestimmten anderen

---

[153] Vgl. *Blitz, D. et al.*, Five Concerns with the Five-Factor Model, S. 3.

Merkmalen auch die Nachhaltigkeit berücksichtigen.[154] Dennoch stellt sich die Frage, wie der Faktor ESG für eine APT-Untersuchung instrumentalisiert werden kann. Zum einen kommt hier die Verwendung des Faktors im mikroökonomischen Sinn in Betracht, bei dem jedem Unternehmen ein ESG-Wert zugewiesen wird, der beispielsweise als Erweiterung zum 3-Faktoren-Modell von Fama und French dienen könnte. Zum anderen könnte langfristig auch ein makroökonomischer ESG-Faktor etabliert werden, der als Index die Entwicklung der Unternehmen in Bezug auf deren Nachhaltigkeit angibt. Hiermit würde eine weitere unabhängige Variable gebildet werden, die analog der Vorgehensweise der vorliegenden Arbeit verwendet werden könnte.

Wie bereits in Kapitel 2.3 angedeutet, folgt nun eine rückblickende Betrachtung der APT-Untersuchung aus einer anwendungsorientierten Sichtweise. Die Tatsache, dass die APT keine exakte Bewertungsgleichung liefert, bietet dem Anwender einen großen Spielraum. Weder in der Ursprungsarbeit von Ross noch in aktuelleren Untersuchungen wird die Anzahl und Art der Faktoren spezifiziert, da die APT nicht dafür konstruiert wurde – dies ist nach wie vor der Hauptkritikpunkt und erschwert einen fairen Vergleich zwischen verschiedenen Modellen des Asset Pricings. Es wird daher auch in Zukunft keine „korrekte" Version der APT geben. In Anbetracht der Tatsache, dass seit längerer Zeit keine Weiterentwicklung der Theorie stattgefunden hat, kann man davon ausgehen, dass die APT in ihrer derzeit bekannten Ausprägung in ihrem Endstadium angekommen ist und sich nur die Verwendung der erklärenden Variablen ändern wird. Dies kann entweder positiv aufgefasst werden, da Reaktionen auf Anpassungen der Gegebenheiten möglich sind, oder nach wie vor als größter Kritikpunkt betrachtet werden. Aus einer praktischen Perspektive kann festgehalten werden, dass die teilweise große Subjektivität in der Konstruktion des Modells viele Fragen unbeantwortet lässt, die der Anwender für sich selbst zu klären hat. Angefangen bei der Auswahl des Untersuchungszeitraums, über die Bereinigungsmethode der Faktorzeitreihen bis hin zu der Überprüfung der statistischen Eigenschaften kann der Anwender seinen Ansatz weitestgehend frei bestimmen, solange das Vorgehen begründet wird und nachvollziehbar scheint.

Ein Themengebiet der Zeitreihenanalyse, das in dieser Arbeit nicht behandelt wurde, ist die Prognose künftiger Entwicklungen. Nach der ARIMA-Modellierung

---

[154] Hier sei beispielsweise auf Multifaktor-ETFs hingewiesen.

kann ein forecast erstellt werden, der dann wiederum zur Prognose künftiger Aktienrenditen herangezogen werden kann. Beispielhaft wird eine Prognose für die Änderungsrate des Marktfaktors CDAX für die nächsten zwölf Monate nach dem Untersuchungszeitraum dieser Arbeit angestellt und mit den tatsächlich eingetretenen Werten verglichen. Tabelle 5 bietet einen Überblick über die Ergebnisse.

Monat	Schätzung	95 % High	95 % Low	Echter Wert
01/2019	0,4136	9,9247	-9,0976	6,53
02/2019	2,7181	12,3166	-6,8805	2,42
03/2019	1,1340	10,9921	-8,7241	0,05
04/2019	0,3318	10,2103	-9,5467	7,01
05/2019	0,6263	10,5167	-9,2641	-5,79
06/2019	0,8707	10,7637	-9,0224	4,83
07/2019	0,8288	10,7223	-9,0647	-1,32
08/2019	0,7609	10,6547	-9,1328	-1,92
09/2019	0,7623	10,6561	-9,1314	3,37
10/2019	0,7798	10,6736	-9,1139	3,51
11/2019	0,7818	10,6756	-9,1119	2,92
12/2019	0,7777	10,6714	-9,1161	0,77

Tabelle 5: Forecast des Marktindex
Quelle: Eigene Darstellung

Neben den geschätzten Werten wird auch eine Prognose abgegeben, welchen Wert die Rendite zu 95 % nicht über- beziehungsweise unterschreiten wird. Diese Grenzwerte wurden für das Jahr 2019 stets eingehalten. Dennoch weichen die tatsächlichen Werte teilweise deutlich von den vom Modell vorhergesagten Renditen ab. Außerdem ist auffällig, dass das Modell nur positive Schätzer vorgibt und sich im Zeitverlauf immer näher einem Wert von rund 0,77 % annähert. Hier könnte in künftigen Untersuchungen ein längerer Zeitraum betrachtet werden, da 120 Datenpunkte aus der Vergangenheit vermutlich keinen ausreichenden Umfang darstellen.

Weitere Ansatzpunkte, um das in der vorliegenden Arbeit entwickelte APT-Modell zu optimieren, werden nachfolgend angeführt. Zunächst lag die Dauer der Untersuchungsperiode mit zehn Jahren à zwölf Monatsrenditen an der Untergrenze für eine Analyse mit Zeitreihendaten. Dies hatte den Hintergrund, dass die Finanzkrise von 2008 ausgeklammert werden sollte. Doch gerade solche Effekte können in einem APT-Modell ebenfalls interessante Ergebnisse liefern, wenn mehrere Subperioden gebildet werden, woraufhin die Daten am Ende auf Unterschiede zwischen den einzelnen Zeiträumen untersucht werden können. Darüber hinaus kann bei einem längeren Untersuchungszeitraum nicht mehr davon ausgegangen werden, dass die Faktorsensitivitäten und Risikoprämien im Verlauf konstant sind. Aus diesem Grund wäre eine Untersuchung der Zeitvariabilität der Koeffizienten interessant, um etwaige Unterschiede herauszuarbeiten. Mit dieser Methode kann insbesondere die Veränderung der Bewertungsrelevanz von Faktoren identifiziert werden. Eine weitere Alternative kann in der unterschiedlichen Handhabung des Fehler-in-den-Variablen-Problems liegen. Um dieses Problem vollständig zu umgehen, müsste man einen einstufigen Modellansatz wählen. Dabei werden nichtlineare Regressionen durchgeführt, um die Faktorsensitivitäten und Risikoprämien in einem Schritt zu ermitteln.[155]

Aus der Sicht des Anwenders kann zusammengefasst werden, dass die APT in der Praxis gegenüber anderen Kapitalmarktmodellen Vor- und Nachteile mit sich bringt, die abgewogen werden müssen. Eine vollständige Vorhersage von Aktienrenditen wird auch die APT nicht ermöglichen, aber für das private oder professionelle Portfoliomanagement kann sie ein nützliches Instrument zur Steuerung des Risikos darstellen. So könnte beispielsweise die Gewichtung von Wertpapieren innerhalb eines Portfolios angepasst werden, wenn diese eine signifikante Sensitivität gegenüber einem bestimmten Faktor aufweisen und dieses zusätzlich übernommene systematische Risiko mit einer entsprechenden Prämie vergütet wird.

Abschließend kann festgehalten werden, dass die Grundlagen der praktischen Anwendung ausführlich dargestellt wurden und die vorliegende Arbeit als Leitfaden für künftige APT-Untersuchungen des deutschen Kapitalmarkts dienen kann.

---

[155] Vgl. *Nowak, T.*, Faktormodelle in der Kapitalmarkttheorie, S. 201, 276.

Anhang

Anhang 1: Deskriptivstatistik Aktienrenditen

Aktie	Symbol	Mittelwert	Standardabweichung
Adidas AG	ADS.DE	20,74	7,2201
Allianz SE	ALV.DE	13,64	6,8810
BASF SE	BAS.DE	11,71	7,2494
Bayer AG	BAYN.DE	6,57	6,6603
Beiersdorf AG	BEI.DE	9,61	5,1325
BMW AG	BMW.DE	14,80	8,0070
Continental AG	CON.DE	16,20	12,0041
Daimler AG	DAI.DE	9,20	9,1780
Deutsche Börse AG	DB1.DE	10,76	7,2482
Deutsche Bank AG	DBK.DE	-9,28	11,3250
Deutsche Post AG	DPW.DE	10,98	6,9900
Deutsche Telekom AG	DTE.DE	10,01	5,4051
Fresenius Medical Care AG & Co. KGaA	FME.DE	6,67	5,7694
HeidelbergCement AG	HEI.DE	7,46	9,6838
Henkel AG & Co. KGaA	HEN3.DE	16,11	5,4363
Infineon Technologies AG	IFX.DE	31,29	13,7915
Deutsche Lufthansa AG	LHA.DE	8,01	9,3811
Merck KGaA	MRK.DE	13,47	6,4968
Münchener Rückversicherungs-Gesellschaft AG	MUV2.DE	10,28	5,1066
RWE AG	RWE.DE	-7,50	10,0847
SAP SE	SAP.DE	13,91	5,6451
Siemens AG	SIE.DE	9,91	6,1368
Volkswagen AG	VOW3.DE	15,31	10,7591
Carl Zeiss Meditec AG	AFX.DE	22,11	6,7186
Hugo Boss AG	BOSS.DE	15,62	9,7563
Commerzbank AG	CBK.DE	-21,95	14,0379
CompuGroup Medical SE	COP.DE	27,48	8,8345
Dürr AG	DUE.DE	31,68	10,3690
Evotec SE	EVT.DE	31,16	12,6014

Anhang

Aktie	Symbol	Mittelwert	Standardabweichung
Fielmann AG	FIE.DE	13,66	4,7336
Freenet AG	FNTN.DE	19,82	7,7591
Fuchs Petrolub SE	FPE3.DE	26,64	7,8304
Fraport AG	FRA.DE	9,65	6,4203
GEA Group AG	G1A.DE	8,35	8,5903
Grenke AG	GLJ.DE	29,32	7,2732
Gerresheimer AG	GXI.DE	12,20	7,4120
Hannover Rück SE	HNR1.DE	20,35	5,2226
Hochtief AG	HOT.DE	14,11	8,9372
Lanxess AG	LXS.DE	12,21	9,3710
MorphoSys AG	MOR.DE	15,57	9,2450
Aurubis AG	NDA.DE	7,52	7,9486
Nemetschek SE	NEM.DE	58,54	13,3524
ProSiebenSat.1 Media SE	PSM.DE	25,42	13,2211
Puma SE	PUM.DE	18,05	8,5810
Qiagen N.V.	QIA.DE	8,78	6,2277
Rheinmetall AG	RHM.DE	14,53	8,7297
Symrise AG	SY1.DE	20,93	6,7215
Thyssenkrupp AG	TKA.DE	0,20	9,9323
Amadeus FiRe AG	AAD.DE	28,71	7,6531
Aixtron SE	AIXA.DE	6,28	16,0146
Borussia Dortmund GmbH & Co. KGaA	BVB.DE	20,10	10,8128
BayWa AG	BYW6.DE	-0,09	6,9014
Comdirect Bank AG	COM.DE	9,75	5,6397
CEWE Stiftung & Co. KGaA	CWC.DE	18,26	6,5705
Deutsche Beteiligungs AG	DBAN.DE	13,33	6,7215
Deutsche EuroShop AG	DEQ.DE	4,95	4,4569
Deutz AG	DEZ.DE	8,42	13,1369
DIC Asset AG	DIC.DE	8,52	10,6648
1&1 Drillisch AG	DRI.DE	37,35	10,5631
Drägerwerk AG & Co. KGaA	DRW3.DE	6,69	10,3171
Eckert & Ziegler Strahlen- und Medizintechnik AG	EUZ.DE	21,75	9,2800

Anhang

Aktie	Symbol	Mittelwert	Standardabweichung
Bilfinger SE	GBF.DE	0,59	9,3184
Hamborner REIT AG	HAB.DE	9,81	4,1264
Heidelberger Druckmaschinen AG	HDD.DE	-8,77	14,7381
Hamburger Hafen und Logistik AG	HHFA.DE	-0,11	8,2562
Indus Holding AG	INH.DE	14,33	6,5695
Isra Vision AG	ISR.DE	31,96	10,8473
Jenoptik AG	JEN.DE	16,34	9,0350
Klöckner & Co SE	KCO.DE	-3,81	11,7774
Krones AG	KRN.DE	9,19	7,4272
KWS Saat SE & Co. KGaA	KWS.DE	14,71	5,8267
Leoni AG	LEO.DE	11,14	12,3172
Nordex SE	NDX1.DE	-2,76	13,5982
Patrizia AG	PAT.DE	28,18	11,3723
Pfeiffer Vacuum Technology AG	PFV.DE	12,05	7,8807
Rhön-Klinikum AG	RHK.DE	4,81	6,2497
S&T AG	SANT.DE	33,07	10,7777
SAF-Holland S.A.	SFQ.DE	23,37	20,7502
SGL Carbon SE	SGL.DE	-12,09	11,0906
Sixt SE	SIX2.DE	24,80	9,0571
Koenig & Bauer AG	SKB.DE	13,85	10,3922
Salzgitter AG	SZG.DE	-6,73	9,8494
Südzucker AG	SZU.DE	3,40	9,1916
Takkt AG	TTK.DE	8,24	7,6338
Wacker Chemie AG	WCH.DE	2,57	11,9444

Anhang 2: Statistische Überprüfung der Aktienrenditen

Symbol	Stationarität (adf.test)	Normalverteilung (jarque.bera.test)	Serielle Unabhängigkeit (box.test)
ADS.DE	$p < 0,01$	$p = 0,5163$	$p = 0,9280$
ALV.DE	$p < 0,01$	$p = 0,0019$	$p = 0,2163$
BAS.DE	$p < 0,01$	$p = 0,0223$	$p = 0,3899$
BAYN.DE	$p < 0,01$	$p = 0,0341$	$p = 0,5512$
BEI.DE	$p < 0,01$	$p = 0,7177$	$p = 0,2621$
BMW.DE	$p < 0,01$	$p = 0,1712$	$p = 0,2799$
CON.DE	$p < 0,01$	$p < 2,2e^{-16}$	$p = 0,3644$

Symbol	Stationarität (adf.test)	Normalverteilung (jarque.bera.test)	Serielle Unabhängigkeit (box.test)
DAI.DE	$p < 0{,}01$	$p = 4{,}796e^{-07}$	$p = 0{,}3562$
DB1.DE	$p < 0{,}01$	$p = 2{,}452e^{-06}$	$p = 0{,}6855$
DBK.DE	$p < 0{,}01$	$p = 0{,}0829$	$p = 0{,}9365$
DPW.DE	$p < 0{,}01$	$p = 4{,}979e^{-06}$	$p = 0{,}6622$
DTE.DE	$p < 0{,}01$	$p = 0{,}0018$	$p = 0{,}3601$
FME.DE	$p < 0{,}01$	$p < 2{,}2e^{-16}$	$p = 0{,}2990$
HEI.DE	$p < 0{,}01$	$p = 0{,}0002$	$p = 0{,}1921$
HEN3.DE	$p < 0{,}01$	$p = 0{,}5879$	$p = 0{,}5943$
IFX.DE	$p < 0{,}01$	$p < 2{,}2e^{-16}$	$p = 0{,}0195$
LHA.DE	$p < 0{,}01$	$p = 0{,}6038$	$p = 0{,}5986$
MRK.DE	$p < 0{,}01$	$p = 0{,}3558$	$p = 0{,}4331$
MUV2.DE	$p < 0{,}01$	$p = 0{,}6472$	$p = 0{,}7717$
RWE.DE	$p < 0{,}01$	$p = 0{,}0013$	$p = 0{,}0806$
SAP.DE	$p < 0{,}01$	$p = 0{,}0205$	$p = 0{,}0769$
SIE.DE	$p < 0{,}01$	$p = 0{,}0799$	$p = 0{,}5372$
VOW3.DE	$p < 0{,}01$	$p < 2{,}2e^{-16}$	$p = 0{,}1032$
AFX.DE	$p < 0{,}01$	$p = 0{,}9802$	$p = 0{,}3535$
BOSS.DE	$p < 0{,}01$	$p = 0{,}0001$	$p = 0{,}6902$
CBK.DE	$p < 0{,}01$	$p = 1{,}143e^{-07}$	$p = 0{,}3373$
COP.DE	$p < 0{,}01$	$p = 2{,}142e^{-08}$	$p = 0{,}9962$
DUE.DE	$p < 0{,}01$	$p = 0{,}5515$	$p = 0{,}7506$
EVT.DE	$p = 0{,}0104$	$p = 0{,}6668$	$p = 0{,}3034$
FIE.DE	$p < 0{,}01$	$p = 0{,}0091$	$p = 0{,}4568$
FNTN.DE	$p < 0{,}01$	$p = 0{,}0001$	$p = 0{,}3222$
FPE3.DE	$p < 0{,}01$	$p = 7{,}926e^{-06}$	$p = 0{,}1127$
FRA.DE	$p < 0{,}01$	$p = 0{,}0216$	$p = 0{,}4794$
G1A.DE	$p < 0{,}01$	$p = 1{,}001e^{-10}$	$p = 0{,}9252$
GLJ.DE	$p = 0{,}0331$	$p = 0{,}3673$	$p = 0{,}3294$
GXI.DE	$p < 0{,}01$	$p = 4{,}768e^{-07}$	$p = 0{,}1902$
HNR1.DE	$p < 0{,}01$	$p = 0{,}0091$	$p = 0{,}7306$
HOT.DE	$p = 0{,}0177$	$p = 0{,}0126$	$p = 0{,}3867$
LXS.DE	$p < 0{,}01$	$p = 0{,}7942$	$p = 0{,}7500$
MOR.DE	$p = 0{,}0169$	$p = 0{,}0019$	$p = 0{,}5200$

Anhang

Symbol	Stationarität (adf.test)	Normalverteilung (jarque.bera.test)	Serielle Unabhängigkeit (box.test)
NDA.DE	$p < 0{,}01$	$p = 0{,}0964$	$p = 0{,}7767$
NEM.DE	$p < 0{,}01$	$p < 2{,}2e^{-16}$	$p = 0{,}0062$
PSM.DE	$p < 0{,}01$	$p < 2{,}2e^{-16}$	$p = 0{,}7300$
PUM.DE	$p < 0{,}01$	$p = 5{,}663e^{-07}$	$p = 0{,}6113$
QIA.DE	$p < 0{,}01$	$p = 0{,}4007$	$p = 0{,}3792$
RHM.DE	$p < 0{,}01$	$p = 0{,}1211$	$p = 0{,}5739$
SY1.DE	$p < 0{,}01$	$p < 2{,}2e^{-16}$	$p = 0{,}1823$
TKA.DE	$p < 0{,}01$	$p = 0{,}0978$	$p = 0{,}6654$
AAD.DE	$p = 0{,}0114$	$p = 1{,}259e^{-05}$	$p = 0{,}3053$
AIXA.DE	$p < 0{,}01$	$p = 0{,}0406$	$p = 0{,}2280$
BVB.DE	$p < 0{,}01$	$p < 2{,}2e^{-16}$	$p = 0{,}3333$
BYW6.DE	$p < 0{,}01$	$p < 2{,}2e^{-16}$	$p = 0{,}2375$
COM.DE	$p < 0{,}01$	$p = 4{,}487e^{-08}$	$p = 0{,}6416$
CWC.DE	$p < 0{,}01$	$p = 0{,}0296$	$p = 0{,}4042$
DBAN.DE	$p < 0{,}01$	$p = 0{,}0013$	$p = 0{,}8785$
DEQ.DE	$p < 0{,}01$	$p = 0{,}6047$	$p = 0{,}4388$
DEZ.DE	$p < 0{,}01$	$p = 3{,}063e^{-11}$	$p = 0{,}7381$
DIC.DE	$p = 0{,}0191$	$p < 2{,}2e^{-16}$	$p = 1{,}145e^{-06}$
DRI.DE	$p < 0{,}01$	$p = 1{,}067e^{-11}$	$p = 0{,}4900$
DRW3.DE	$p = 0{,}0154$	$p = 0{,}0459$	$p = 0{,}1884$
EUZ.DE	$p < 0{,}01$	$p < 2{,}2e^{-16}$	$p = 0{,}9997$
GBF.DE	$p < 0{,}01$	$p = 1{,}265e^{-11}$	$p = 0{,}1961$
HAB.DE	$p < 0{,}01$	$p = 0{,}1028$	$p = 0{,}6565$
HDD.DE	$p < 0{,}01$	$p = 8{,}571e^{-14}$	$p = 0{,}5162$
HHFA.DE	$p < 0{,}01$	$p = 9{,}74e^{-12}$	$p = 0{,}7183$
INH.DE	$p = 0{,}0167$	$p = 1{,}015e^{-05}$	$p = 0{,}3723$
ISR.DE	$p = 0{,}0186$	$p = 0{,}0023$	$p = 0{,}8923$
JEN.DE	$p < 0{,}01$	$p = 9{,}976e^{-07}$	$p = 0{,}8272$
KCO.DE	$p < 0{,}01$	$p = 0{,}0457$	$p = 0{,}8061$
KRN.DE	$p = 0{,}0188$	$p = 0{,}6670$	$p = 0{,}8764$
KWS.DE	$p < 0{,}01$	$p = 0{,}0508$	$p = 0{,}8212$
LEO.DE	$p < 0{,}01$	$p = 0{,}0002$	$p = 0{,}9597$
NDX1.DE	$p < 0{,}01$	$p = 0{,}6686$	$p = 0{,}5551$

Symbol	Stationarität (adf.test)	Normalverteilung (jarque.bera.test)	Serielle Unabhängigkeit (box.test)
PAT.DE	p < 0,01	p = 0,1244	p = 0,3349
PFV.DE	p < 0,01	p = 0,4578	p = 0,9172
RHK.DE	p < 0,01	p < 2,2e^{-16}	p = 0,2607
SANT.DE	p < 0,01	p = 0,1779	p = 0,4838
SFQ.DE	p < 0,01	p < 2,2e^{-16}	p = 0,0286
SGL.DE	p < 0,01	p = 0,0009	p = 0,8435
SIX2.DE	p < 0,01	p = 0,5913	p = 0,7910
SKB.DE	p < 0,01	p = 0,0025	p = 0,9508
SZG.DE	p < 0,01	p = 0,6480	p = 0,8263
SZU.DE	p < 0,01	p = 0,0097	p = 0,0725
TTK.DE	p < 0,01	p = 0,7662	p = 0,7748
WCH.DE	p < 0,01	p = 0,0336	p = 0,7474

Anhang 3: Variablenübersicht der Faktorzeitreihen

Faktor	Variable	Änderungsrate	ARIMA-Modell	Unerwartete Änderung
Industrielle Produktion	IP	Änderung_IP	ARIMA_IP	U_Änderung_IP
Wechselkurse	FX	Änderung_FX	ARIMA_FX	U_Änderung_FX
ifo Geschäftsklimaindex	IFO	Änderung_IFO	ARIMA_IFO	U_Änderung_IFO
Zinsstruktur	ZS	Änderung_ZS	ARIMA_ZS	U_Änderung_ZS
Marktindex	CDAX	Änderung_CDAX	ARIMA_CDAX	U_Änderung_CDAX

Anhang 4: ARIMA-Diagnose

ARIMA-Diagnose: Industrielle Produktion

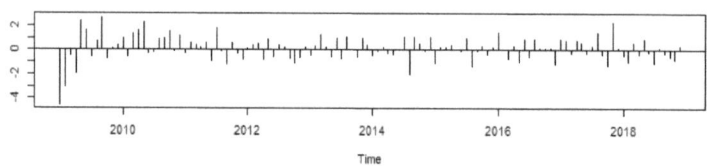

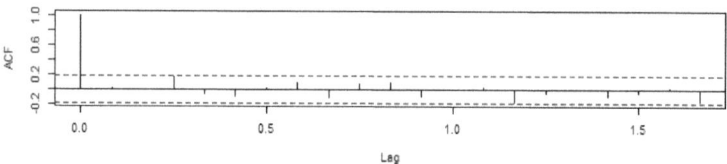

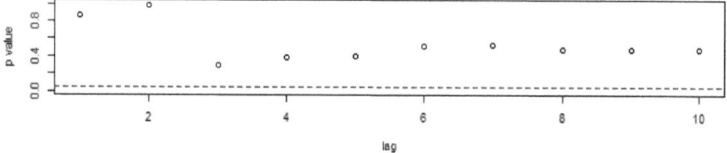

Anhang

ARIMA-Diagnose: Wechselkurse

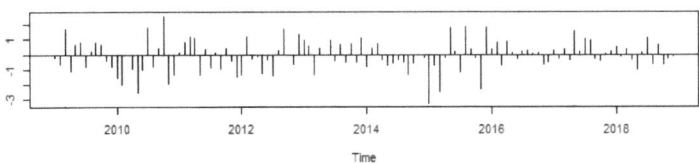

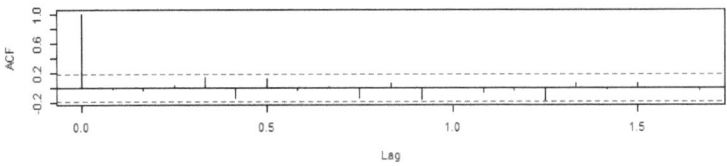

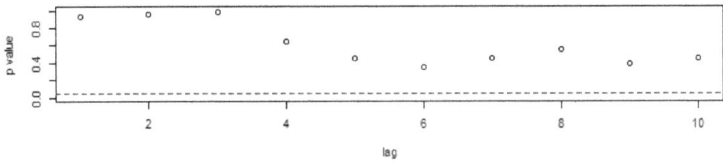

Anhang

ARIMA-Diagnose: ifo Geschäftsklimaindex

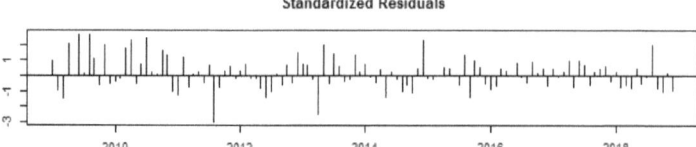

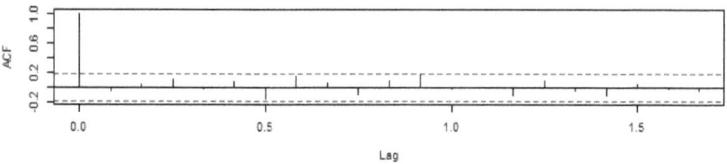

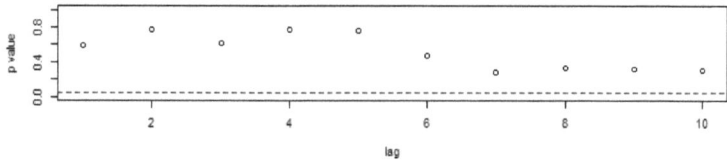

Anhang

ARIMA-Diagnose: Zinsstruktur

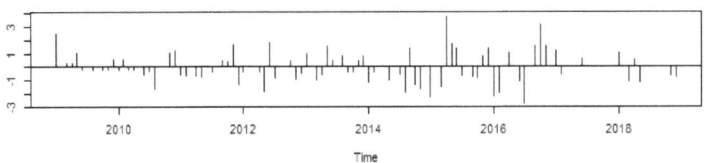

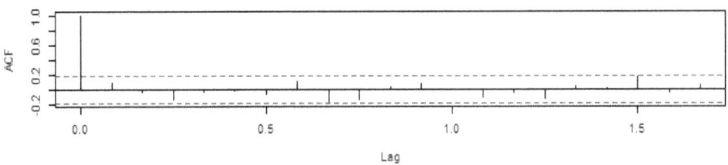

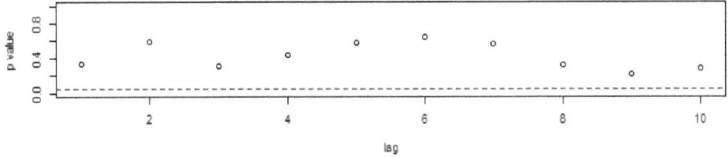

Anhang

ARIMA-Diagnose: Marktindex

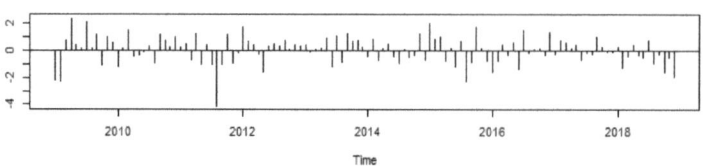

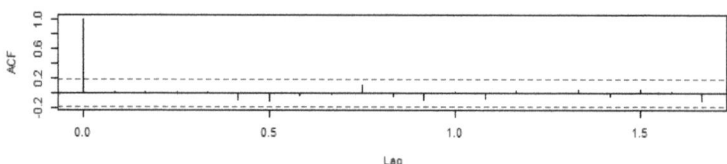

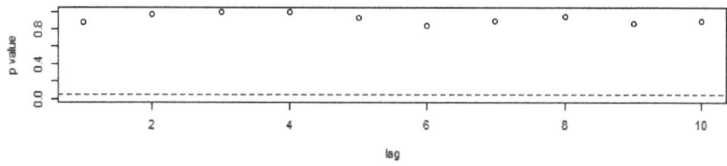

Anhang 5: Statistische Überprüfung der Faktorzeitreihen

(Partielle) Autokorrelationsfunktion: Industrielle Produktion

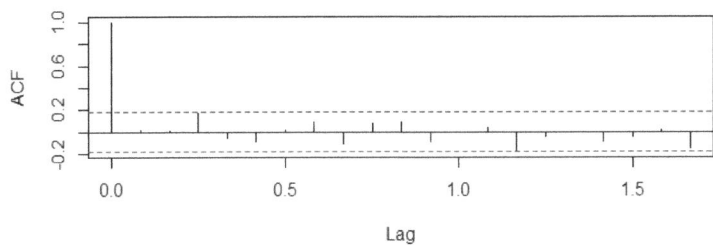

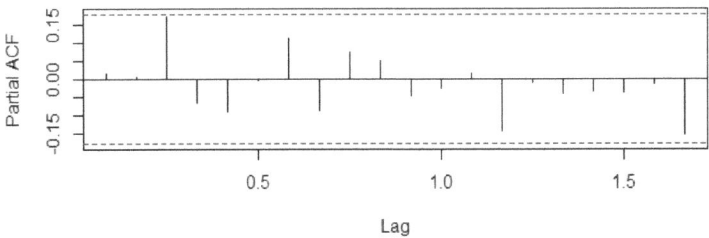

(Partielle) Autokorrelationsfunktion: Wechselkurse

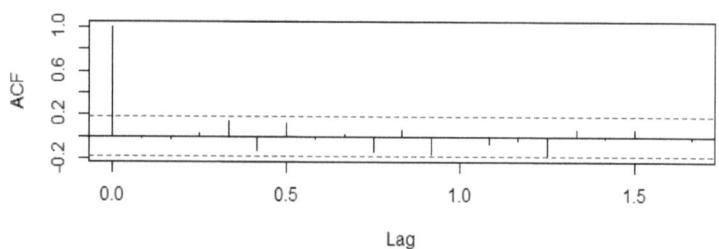

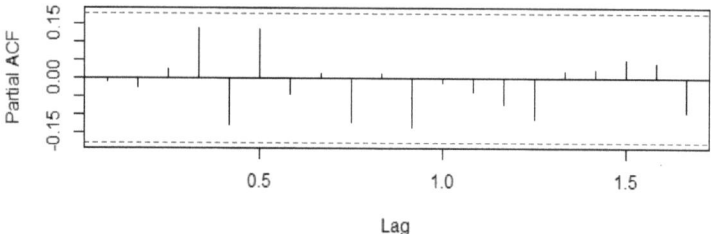

(Partielle) Autokorrelationsfunktion: ifo Geschäftsklimaindex

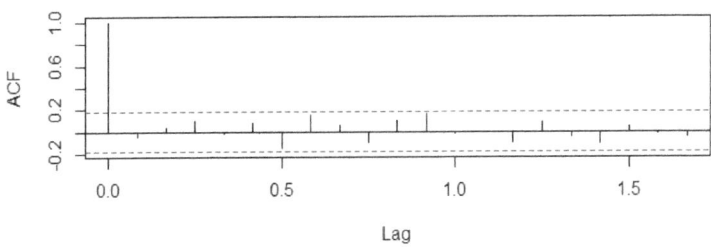

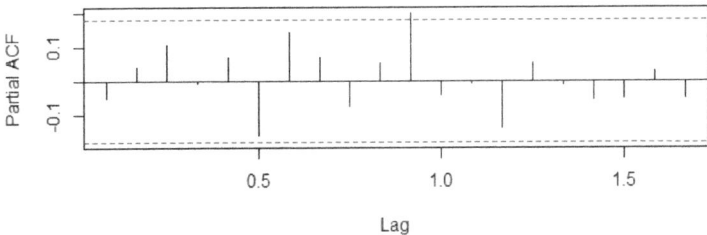

(Partielle) Autokorrelationsfunktion: Zinsstruktur

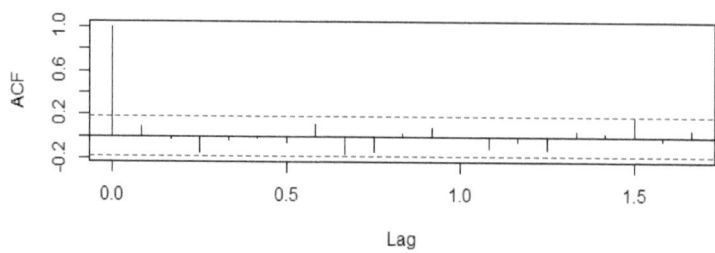

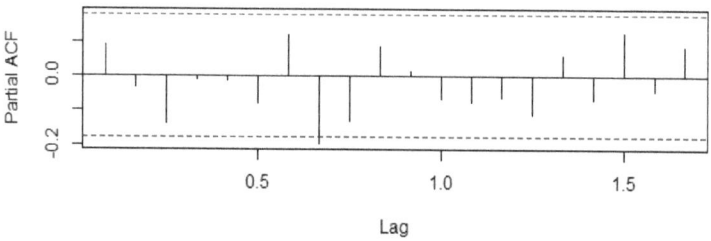

(Partielle) Autokorrelationsfunktion: Marktindex

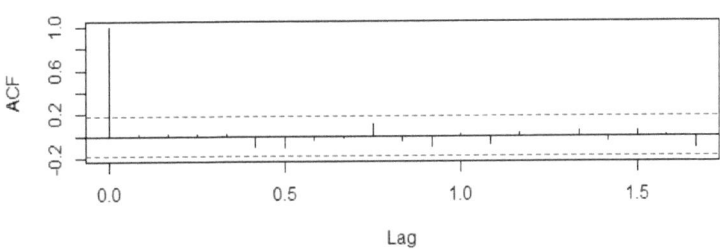

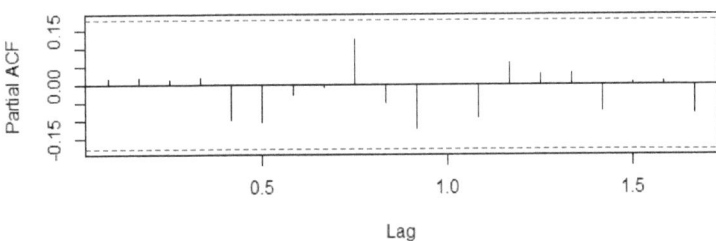

Anhang 6: Ergebnisse der Zeitreihenregressionen

Symbol	βIP	βFX	βIFO	βZS	βCDAX	mul./adj. R2
ADS.DE	0,0213	-0,0497	1,2989*	-0,0518	0,7292***	0,326/0,296
ALV.DE	-0,1300	0,6523*	-0,3685	0,0461	1,2035***	0,685/0,671
BAS.DE	-0,1522	-0,1621	0,3354	0,0206	1,2162***	0,669/0,655
BAYN.DE	0,4147	-0,4870	-0,2464	0,0074	0,9092***	0,446/0,422
BEI.DE	0,6302*	0,0400	-0,1504	-0,0553*	0,5657***	0,366/0,338
BMW.DE	-0,5708	-0,4797	0,5384	-0,0190	1,1679***	0,539/0,519
CON.DE	1,6919***	0,6963	0,7082	-0,0999	1,6564***	0,560/0,541
DAI.DE	-0,1931	-0,6618	0,6797	0,0019	1,5623***	0,718/0,705
DB1.DE	0,2853	0,8227	-0,4554	0,0430	0,9701***	0,411/0,385
DBK.DE	-0,0107	1,0432	-1,2875	0,1284*	1,6376***	0,465/0,442
DPW.DE	0,5500*	0,0760	0,1945	0,0307	1,0877***	0,591/0,573
DTE.DE	0,0709	0,0583	-0,6878	-0,0100	0,6273***	0,296/0,266
FME.DE	0,4110	-0,4551	0,5593	-0,0434	0,4321***	0,206/0,172
HEI.DE	-0,1468	0,6678	2,0354**	0,0020	1,3226***	0,542/0,522
HEN3.DE	0,4086	-0,8819**	0,3923	-0,0136	0,7085***	0,495/0,473
IFX.DE	-0,0172	0,2334	2,2918*	-0,0005	1,6679***	0,412/0,386
LHA.DE	-0,0953	0,7495	1,0665	-0,0155	1,0620***	0,344/0,315
MRK.DE	-0,2893	-0,4732	0,6798	-0,0204	0,6619***	0,293/0,262
MUV2.DE	-0,3931	-0,0649	-0,6874	-0,0071	0,7459***	0,480/0,457
RWE.DE	0,5989	1,1745	-0,6689	-0,0091	1,0401***	0,257/0,224

Symbol	βIP	βFX	βIFO	βZS	βCDAX	mul./adj. R2
SAP.DE	-0,0297	-0,1886	-0,0710	0,0125	0,7256***	0,380/0,352
SIE.DE	0,1627	-0,2679	0,3310	-0,0137	1,0032***	0,660/0,645
VOW3.DE	-0,4185	0,4033	1,6934*	0,0873	1,2710***	0,400/0,373
AFX.DE	-0,0749	0,0099	0,4545	0,0005	0,2017	0,030/-0,013
BOSS.DE	1,7359***	0,3836	-0,7353	0,0708	1,2064***	0,420/0,394
CBK.DE	1,2980	1,7711	-1,0436	0,0853	1,7105***	0,365/0,337
COP.DE	-0,7123	0,5193	0,4145	-0,0306	0,2828	0,046/0,004
DUE.DE	-0,4013	-0,1307	1,6808*	-0,0423	1,2322***	0,403/0,377
EVT.DE	-0,3723	1,6492	0,0218	0,0449	0,7519**	0,103/0,064
FIE.DE	-0,0601	-0,2088	-0,5009	-0,0285	0,2892**	0,104/0,064
FNTN.DE	0,3281	0,8231	-1,7795*	0,0292	0,8036***	0,246/0,213
FPE3.DE	0,6067	0,1968	0,9861	0,0176	0,8796***	0,364/0,337
FRA.DE	0,2638	0,1886	0,2937	0,0400	0,8588***	0,438/0,413
G1A.DE	0,4519	0,3215	0,9045	-0,0714	1,1012***	0,461/0,438
GLJ.DE	-0,4643	0,6361	0,7398	0,0071	0,4595**	0,130/0,091
GXI.DE	-0,0236	-0,8380	1,8431**	-0,0609	0,5445***	0,263/0,230
HNR1.DE	-0,4791	-0,9847*	0,2685	0,0350	0,4286***	0,239/0,206
HOT.DE	0,4348	0,9166	-0,0745	-0,0712	1,0611***	0,364/0,336
LXS.DE	0,3260	0,2602	1,8075**	0,0269	1,2748***	0,534/0,514
MOR.DE	0,0632	0,7779	-0,8963	0,1182*	0,8142***	0,193/0,158

Anhang

Symbol	βIP	βFX	βIFO	βZS	βCDAX	mul./adj. R2
NDA.DE	0,1285	0,1899	-0,0841	0,0438*	0,9161***	0,304/0,274
NEM.DE	0,6147	-1,8756	1,7927	-0,0781	0,7518**	0,158/0,121
PSM.DE	0,9365	-0,3378	1,5860	0,0455	1,4014***	0,325/0,296
PUM.DE	0,5458	-0,4501	1,6167	-0,0165	0,4318**	0,136/0,098
QIA.DE	-0,3698	-1,4321**	0,6871	0,0058	0,3500**	0,178/0,142
RHM.DE	-0,3438	0,6466	1,2250	0,0618	0,9300***	0,329/0,300
SY1.DE	0,9302**	0,2335	-0,4011	-0,1057***	0,6493***	0,342/0,313
TKA.DE	-0,5569	0,2819	1,9612***	0,0518	1,3836***	0,552/0,532
AAD.DE	-0,0507	0,1228	0,0591	0,0317	0,9555***	0,360/0,332
AIXA.DE	0,4754	1,1898	3,0769*	0,0392	1,0183***	0,173/0,136
BVB.DE	0,0846	0,3779	0,0212	0,0718	0,6057**	0,080/0,040
BYW6.DE	1,0666**	-0,3362	0,2497	0,0306	0,7528***	0,359/0,331
COM.DE	0,0442	0,1399	-0,7851	0,0464	0,6149***	0,255/0,223
CWC.DE	-0,0554	-0,1617	-0,1602	0,0133	0,5776***	0,175/0,138
DBAN.DE	0,5087	0,1086	0,8909	0,0410	0,6876***	0,317/0,287
DEQ.DE	0,4439*	-0,0049	-0,1582	-0,0941***	0,3788***	0,322/0,292
DEZ.DE	-0,3939	1,4691	2,8247***	0,1455*	1,3206***	0,371/0,344
DIC.DE	0,4786	0,8422	-0,1549	-0,0553	1,2562***	0,341/0,312
DRI.DE	1,6274***	1,4703*	-0,7304	-0,1071	1,0261***	0,327/0,297
DRW3.DE	0,7437	-0,8869	0,9588	-0,0443	0,7560***	0,189/0,153

Anhang

Symbol	βIP	βFX	βIFO	βZS	βCDAX	mul./adj. R2
EUZ.DE	0,3338	0,3627	-1,3539	0,0369	0,7671***	0,149/0,112
GBF.DE	0,2610	-0,3051	0,5069	0,0552	1,0612***	0,325/0,295
HAB.DE	-0,3124	-0,3071	0,3258	-0,0371	0,4161***	0,306/0,276
HDD.DE	0,3075	-0,7089	1,7538	0,0616	1,4385***	0,269/0,237
HHFA.DE	-0,1702	0,1548	0,8179	0,1050*	0,9883***	0,391/0,364
INH.DE	0,7043*	-0,3790	1,1692*	0,0090	0,7397***	0,419/0,394
ISR.DE	0,2487	0,2718	0,3757	-0,0115	1,1945***	0,295/0,264
JEN.DE	-0,0437	0,2563	0,2995	-0,0154	0,8529***	0,216/0,182
KCO.DE	-0,5114	0,8688	2,0942*	0,0266	1,4359***	0,427/0,402
KRN.DE	0,3474	-0,9697	1,1426	0,0315	0,6236***	0,250/0,217
KWS.DE	0,4303	0,5134	-0,4242	0,0206	0,2216	0,054/0,013
LEO.DE	0,7957	0,9349	1,6914	-0,0074	1,5861***	0,468/0,445
NDX1.DE	-0,3319	1,1254	-1,3733	-0,0064	1,0909***	0,144/0,106
PAT.DE	-0,5149	-0,3944	0,9611	-0,0624	1,1276***	0,270/0,238
PFV.DE	0,5783	-0,0581	0,7039	-0,0059	0,6311***	0,194/0,159
RHK.DE	0,1890	-0,4955	0,5938	-0,0413	0,2044	0,066/0,025
SANT.DE	-0,5290	-0,5804	2,0729	-0,0429	0,4327*	0,098/0,059
SFQ.DE	0,3601	1,1571	0,9060	0,0066	2,0970***	0,252/0,219
SGL.DE	-0,1706	1,5401	0,7350	0,0111	1,0551***	0,246/0,213
SIX2.DE	0,2008	1,1357	1,1853	-0,0569	0,9048***	0,307/0,277
SKB.DE	-0,4211	-0,7701	1,8846	0,0091	0,5740***	0,133/0,095

Anhang

Symbol	βIP	βFX	βIFO	βZS	βCDAX	mul./adj. R2
SZG.DE	-0,7569	0,7086	0,5607	0,1079*	1,2005***	0,390/0,363
SZU.DE	-0,5040	0,2278	-1,4098	0,0909	0,1890	0,049/0,007
TTK.DE	-0,4199	-0,3988	0,6829	0,0038	0,7965***	0,290/0,258
WCH.DE	0,9671	1,6580*	0,6656	0,0100	1,4757***	0,415/0,389

Anhang 7: Ergebnisse der Regressionsdiagnostik - Zeitreihenregressionen

Zeitreihenregression für Aktienrendite	Homoskedastizität (gqtest)	Autokorrelation (dwtest)	Normalverteilung (shapiro.test)
ADS.DE	0,0308	0,5511	0,2334
ALV.DE	0,9800	0,5002	0,1365
BAS.DE	0,9942	0,8445	0,7718
BAYN.DE	0,9198	0,1067	0,0610
BEI.DE	0,9965	0,9577	0,7142
BMW.DE	0,9688	0,7783	0,7935
CON.DE	1,0000	0,6322	$1,064e^{-06}$
DAI.DE	0,9991	0,9224	0,4758
DB1.DE	0,9949	0,4608	0,7912
DBK.DE	0,7679	0,3602	0,7770
DPW.DE	0,7341	0,2520	0,0399
DTE.DE	0,9923	0,2032	0,6874
FME.DE	0,3239	0,8015	$5,439e^{-06}$
HEI.DE	1,0000	0,8251	0,0016
HEN3.DE	0,8653	0,5964	0,6148
IFX.DE	1,0000	0,0322	$3,102e^{-11}$
LHA.DE	0,0132	0,6542	0,8411
MRK.DE	0,9009	0,4850	0,0123
MUV2.DE	0,7836	0,9804	0,3459
RWE.DE	0,0001	0,6165	0,8959
SAP.DE	0,9012	0,8448	0,0441
SIE.DE	0,2203	0,9241	0,8386
VOW3.DE	0,1046	0,6604	$4,624e^{-08}$
AFX.DE	0,3467	0,8530	0,5029
BOSS.DE	0,8464	0,5908	0,0219
CBK.DE	1,0000	0,0325	0,0344
COP.DE	0,7881	0,5498	0,0020
DUE.DE	0,9262	0,4598	0,5689
EVT.DE	0,5706	0,6887	0,2912
FIE.DE	0,3864	0,5982	0,0145
FNTN.DE	0,9995	0,2960	0,0138

Zeitreihenregression für Aktienrendite	Homoskedastizität (gqtest)	Autokorrelation (dwtest)	Normalverteilung (shapiro.test)
FPE3.DE	0,9990	0,5566	0,0003
FRA.DE	0,9739	0,8584	0,0753
G1A.DE	0,2637	0,9714	0,0001
GLJ.DE	0,7325	0,9275	0,6482
GXI.DE	0,9966	0,9960	0,3912
HNR1.DE	0,9992	0,9775	0,0011
HOT.DE	0,9998	0,6151	0,0874
LXS.DE	0,9781	0,2056	0,8902
MOR.DE	0,1029	0,5816	0,2419
NDA.DE	0,0508	0,3853	0,3088
NEM.DE	1,0000	0,9060	$5,689e^{-08}$
PSM.DE	1,0000	0,5456	$3,845e^{-10}$
PUM.DE	0,4040	0,8499	0,0007
QIA.DE	0,4320	0,9295	0,5550
RHM.DE	0,7370	0,4636	0,7056
SY1.DE	1,0000	0,5216	0,0241
TKA.DE	0,7522	0,7260	0,9003
AAD.DE	0,9433	0,7954	0,0927
AIXA.DE	0,0028	0,2738	0,0202
BVB.DE	0,9715	0,7285	$3,672e^{-06}$
BYW6.DE	0,9999	0,6970	0,0001
COM.DE	1,0000	0,9813	0,2408
CWC.DE	0,8277	0,0943	0,0151
DBAN.DE	0,5752	0,9541	0,8616
DEQ.DE	0,6845	0,9514	0,1041
DEZ.DE	0,7737	0,6986	0,0003
DIC.DE	1,0000	0,1759	$5,182e^{-06}$
DRI.DE	0,9448	0,5263	0,2599
DRW3.DE	0,6795	0,2761	0,0081
EUZ.DE	0,8733	0,2340	$4,969e^{-07}$
GBF.DE	$6,567e^{-05}$	0,3175	$1,731e^{-05}$
HAB.DE	0,7259	0,6135	0,0065

Zeitreihenregression für Aktienrendite	Homoskedastizität (gqtest)	Autokorrelation (dwtest)	Normalverteilung (shapiro.test)
HDD.DE	1,0000	0,5888	0,0068
HHFA.DE	0,3864	0,1837	0,0065
INH.DE	0,6740	0,4386	0,8855
ISR.DE	0,0011	0,8718	0,0355
JEN.DE	0,9793	0,9074	0,2144
KCO.DE	0,9045	0,5398	0,2683
KRN.DE	0,9876	0,9571	0,7502
KWS.DE	0,9965	0,6167	0,0873
LEO.DE	0,4639	0,9261	0,0003
NDX1.DE	0,8193	0,3624	0,2872
PAT.DE	0,9423	0,8885	0,6591
PFV.DE	0,1562	0,6943	0,0056
RHK.DE	1,0000	0,7788	$1{,}764e^{-07}$
SANT.DE	0,9974	0,9743	0,5653
SFQ.DE	1,0000	0,9797	$1{,}738e^{-14}$
SGL.DE	0,4436	0,3154	0,0340
SIX2.DE	0,9082	0,8267	0,0759
SKB.DE	0,7336	0,5642	0,0006
SZG.DE	0,5523	0,6064	0,7863
SZU.DE	0,0103	0,5716	0,0717
TTK.DE	0,3871	0,9135	0,0251
WCH.DE	0,9498	0,6412	0,9201

Anhang 8: Ergebnisse der Regressionsdiagnostik -Querschnittsregressionen

Querschnitts-regression	Homoskedastizität (gqtest)	Autokorrelation (dwtest)	Normalverteilung (shapiro.test)
Reg_DAX	0,3556	0,8813	0,7809
Reg_MDAX	0,6465	0,5635	0,8383
Reg_SDAX	0,2718	0,9450	0,6771
Reg_IP_DAX	0,4335	0,4452	0,0125
Reg_IP_MDAX	0,4442	0,5544	0,0283
Reg_IP_SDAX	0,2508	0,8097	0,4398
Reg_FX_DAX	0,3836	0,5223	0,1463

Anhang

Querschnitts-regression	Homoskedastizität (gqtest)	Autokorrelation (dwtest)	Normalverteilung (shapiro.test)
Reg_FX_MDAX	0,7161	0,6729	0,9930
Reg_FX_SDAX	0,2300	0,7308	0,7622
Reg_IFO_DAX	0,0599	0,8572	0,0607
Reg_IFO_MDAX	0,4477	0,6674	0,2684
Reg_IFO_SDAX	0,1672	0,7249	0,7342
Reg_ZS_DAX	0,0622	0,4665	0,1732
Reg_ZS_MDAX	0,6056	0,7041	0,7235
Reg_ZS_SDAX	0,5234	0,9418	0,7247
Reg_CDAX_DAX	0,3401	0,3918	0,0075
Reg_CDAX_MDAX	0,3540	0,3938	0,0817
Reg_CDAX_SDAX	0,2414	0,7330	0,5446

Literaturverzeichnis

Backhaus, Klaus, Erichson, Bernd, Plinke, Wulff, Weiber, Rolf (Ökonometrie, 2018): Multivariate Analysemethoden – Eine anwendungsorientierte Einführung, 15. Aufl., Berlin: Springer-Verlag, 2018

Bessler, Wolfgang, Opfer, Heiko (Faktorenbestimmung, 2003): Empirische Untersuchung zur Bedeutung makroökonomischer Faktoren für Aktienrenditen am deutschen Kapitalmarkt, in: Financial Markets and Portfolio Management, Bd. 17 (2003), S. 412-436

Blitz, David, Hanauer, Matthias, Vidojevic, Milan, van Vliet, Pim (5-Faktor-Modell, 2018): Five Concerns with the Five-Factor Model, in: The Journal of Portfolio Management, Bd. 44 (2018), S. 71-78

Burmeister, Edwin, Roll, Richard, Ross, Stephen (Bearb.) (APT, 1994): A Practitioner's Guide to Arbitrage Pricing Theory, in: *The Research Foundation of The Institute of Chartered Financial Analysts* (Hrsg.), A Pracitioner's Guide to Factor Models (1994), S. 1-30

Chen, Nai-Fu, Roll, Richard, Ross, Stephen (Asset Pricing, 1986): Economic Forces and the Stock Market, in: Journal of Business, Bd. 59 (1986), S. 383-403

DeFusco, Richard, McLeavey, Dennis, Pinto, Jerald, Runkle, David (Quantitative Methoden, 2001): Quantitative Methods for Investment Analysis, Baltimore: United Book Press, 2001

Echter, Constantin (Portfoliotheorie, 2008): Hedgefonds-Investments im Private Banking – Eine empirische Analyse des deutschen Marktes, Wiesbaden: GWV Fachverlage, 2008

Elgeti, Rolf, Maurer, Raimond (Multifaktormodell, 2000): Zur Quantifizierung von Risikoprämien deutscher Versicherungsaktien im Kontext von Multifaktormodellen, in: Working Paper Series: Finance & Accounting, Bd. 59, S. 1-25

Elton, Edwin, Gruber, Martin (Portfoliotheorie, 1995): Modern Portfolio Theory and Investment Analysis, 5. Aufl., New York: John Wiley & Sons, 1995

Fama, Eugene, French, Kenneth (Asset Pricing, 1996): Multifactor Explanations of Asset Pricing Anomalies, in: The Journal of Finance, Bd. 51 (1996), S. 55-84

Fama, Eugene, French, Kenneth (CAPM, 2004): The Capital Asset Pricing Model: Theory and Evidence, in: Journal of Economic Perspectives, Bd. 18 (2004), S. 25-46

Fama, Eugene, French, Kenneth (Fünf-Faktoren-Modell, 2015): A five-factor asset pricing model, in: Journal of Financial Economics, Bd. 116 (2015), S. 1-22

Fama, Eugene, MacBeth, James (Fama/MacBeth-Regression, 1973): Risk, Return, and Equilibrium: Empirical Tests, in: The Journal of Political Economy, Bd. 81 (1973), S. 607-636

Hamerle, Alfred, Rösch, Daniel (Faktorenmodelle, 1998): Zur empirischen Identifikation von Risikofaktoren bei Modellen der Arbitrage Pricing Theory, in: OR Spektrum, Bd. 20 (1998), S. 123-134

Hamerle, Alfred, Rösch, Daniel (Faktorenmodelle, 1998): Zum Einsatz fundamentaler Faktorenmodelle im Portfoliomanagement, in: Die Betriebswirtschaft, Bd. 58 (1998), S. 38-48

Hanauer, Matthias, Kaserer, Christoph, Rapp, Marc (Multifaktormodell, 2011): Risikofaktoren und Multifaktormodelle für den Deutschen Aktienmarkt (Risk Factors and Multi-Factor Models for the German Stock Market), in: CEFS working paper series, Bd. 1 (2011), S. 1-31

Hasler, Peter (Aktienbewertung, 2011): Aktien richtig bewerten – Theoretische Grundlagen praktisch erklärt, Heidelberg: Springer Verlag, 2011

Hörnstein, Elke (Bearb.) (Kapitalmarktmodelle, 1990): Arbitrage- und Gleichgewichtsmodelle in der Kapitalmarkttheorie – Eine vergleichende Analyse der CAPM- und APT-Ansätze unter Berücksichtigung ihrer empirischen Überprüfbarkeit, in: Lang, Peter (Hrsg.), Europäische Hochschulschriften: Reihe 5, Volks- und Betriebswirtschaft, Bd. 1096, Frankfurt am Main: Verlag Peter Lang, 1990

Huberman, Gur, Wang, Zehnyu (Arbitrage Pricing Theory, 2015): Arbitrage Pricing Theory, in: Federal Reserve Bank of New York Staff Reports, Bd. 216 (2015), S. 1-18

Kruschwitz, Lutz, Löffler, Andreas (Arbitrage Pricing Theory, 1997): Ross' APT ist gescheitert. Was nun?, in: Schmalenbachs Zeitschrift für betriebswirtschaftliche Forschung, Bd. 49 (1997), S. 644-651

Lockert, Gerd (Bearb.) (Asset Pricing, 1996): Risikofaktoren und Preisbildung am deutschen Aktienmarkt, in: *Bohr, K., Bühler, W., et al.* (Hrsg.), Physica-Schriften zur Betriebswirtschaft, Bd. 58, Heidelberg: Physica Verlag, 1996

Markowitz, Harry (Portfoliotheorie, 1952): Portfolio Selection, in: The Journal of Finance, Bd. 7 (1952), S. 77-91

Mondello, Enzo (Finance, 2017): Finance – Theorie und Anwendungsbeispiele, Wiesbaden: Springer Fachmedien, 2017

Nowak, Thomas (Bearb.) (Faktormodelle, 1994): Faktormodelle in der Kapitalmarkttheorie, in: *Steiner, Manfred* (Hrsg.), Finanzierung, Steuern, Wirtschaftsprüfung, Bd. 25, Köln: Botermann & Botermann Verlag, 1994

Oertmann, Peter (Arbitrage Pricing Theory, 1996): Strands of the Arbitrage Pricing Theory – A lengthy note, Working Paper 17 (1996), University of St. Gallen

Reilly, Frank, Brown, Keith (Portfoliomanagement, 1997): Investment Analysis and Portfolio Management, 5. Aufl., Fort Worth: The Dryden Press, 1997

Rösch, Daniel (Wertpapierrisiken, 1998): Empirische Identifikation von Wertpapierrisiken, Wiesbaden: Springer Fachmedien, 1998

Roll, Richard, Ross, Stephen (Arbitrage Pricing Theory, 1980): An Empirical Investigation of the Arbitrage Pricing Theory, in: The Journal of Finance, Bd. 35 (1980), S. 1073-1103

Ross, Stephen (Asset Pricing, 1976): The Arbitrage Theory of Capital Asset Pricing, in: Jounal of Economic Theory, Bd. 13 (1976), S. 341-360

Schepers, Christoph (Multifaktormodelle, 2010): Makroökonomische Multifaktormodelle zur Prognose von Aktienrenditen – Empirische Analyse europäischer Aktien der Banken- und Industriebranche, Norderstedt: GRIN Verlag, 2010

Schneider, Sebastian (Bearb.) (Kapitalmarktmodelle, 2001): Kapitalmarktmodelle und erwartete Renditen am deutschen Aktienmarkt, in: *Poddig, Thorsten, Rehkugler, Heinz* (Hrsg.), Financial Research, Bd. 4, Augsburg: Uhlenbruch Verlag, 2001

Shanken, Jay (Arbitrage Pricing Theory, 1982): The Arbitrage Pricing Theory: Is it Testable?, in: The Journal of Finance, Bd. 37 (1982), S. 1129-1140

Steiner, Manfred, Bruns, Christoph, Stöckl, Stefan (Wertpapiermanagement, 2017): Wertpapiermanagement – Professionelle Wertpapieranalyse und Portfoliostrukturierung, 11. Aufl., Stuttgart: Schäffer-Poeschel, 2017

Stier, Winfried (Zeitreihenanalyse, 2001): Methoden der Zeitreihenanalyse, Heidelberg: Springer-Verlag, 2001

Spremann, Klaus (Finance, 2005): Modern Finance, 2. Aufl., München: Oldenbourg Wissenschaftsverlag, 2005

Verbeek, Marno (Ökonometrie, 2015): Moderne Ökonometrie, Weinheim: Wiley-VCH Verlag, 2015

Wagner, Clifford (Statistik, 1982): Simpson's Paradox in Real Life, in: The American Statistician, Bd. 36 (1982), S. 46-48

Ziegler, Andreas, Schröder, Michael, Schulz, Anja, Stehle, Richard (Multifaktormodell, 2007): Multifaktormodelle zur Erklärung deutscher Aktienrenditen: Eine empirische Analyse, in: Schmalenbachs Zeitschrift für betriebswirtschaftliche Forschung, Bd. 59 (2007), S. 355-389

Ziemer, Franziska (Bearb.) (Betafaktor, 2018): Der Betafaktor – Theoretische und empirische Befunde nach einem halben Jahrhundert CAPM, in: *Knoll, Leonhard, Lorenz, Daniela, Wenger, Ekkehard* (Hrsg.), Finanzwirtschaft und Kapitalmärkte, Wiesbaden: Springer Fachmedien, 2018

Internetquellen

Deutsche Bundesbank (Zinsstruktur, o. J.): Aus der Zinsstruktur abgeleitete Renditen für börsennot. Bundeswertpapiere mit jährlicher Kuponzahlung (Monats- und Tageswerte), <https://www.bundesbank.de/dynamic/action/de/statistiken/zeitreihen-datenbanken/zeitreihen-datenbank/759778/759778?listId=www_skms_it03b> [Zugriff 2020-02-20]

Deutsche Bundesbank (Wechselkurse, o. J.): Nominaler effektiver Wechselkurs des Euro gegenüber den Währungen der EWK-19-Gruppe, <https://www.bundesbank.de/de/statistiken/wechselkurse/-/nominaler-effektiver-wechselkurs-des-euro-gegenueber-den-waehrungen-der-ewk-19-gruppe-649662> [Zugriff 2020-02-20]

Eurostat (Industrieproduktion, o. J.): Produktion – Industrie insgesamt (ohne Baugewerbe), <https://ec.europa.eu/eurostat/de/web/products-datasets/-/TEIIS080> [Zugriff 2020-02-20]

Hyndman, Rob, Athanasopoulos, George (Forecasting, 2018): Forecasting: principles and practice, <https://otexts.com/fpp2/arima-r.html> (13.02.2020) [Zugriff 2020-02-20]

Ifo Institut (ifo Geschäftsklimaindex, o. J.): ifo Geschäftsklima, *https://www.ifo.de/umfragen/zeitreihen* [Zugriff 2020-02-20]

Spiegel (Schwarzer Montag, 2011): Wall Street startet mit Verlusten, < *https://www.spiegel.de/wirtschaft/unternehmen/weltweite-finanzkrise-wall-street-startet-mit-verlusten-a-779018.html>* (08.08.2011) [Zugriff 2020-02-20]

Statista (EZB, 2020): Bestand des erweiterten Anleihekaufprogramms der EZB von März 2015 bis Dezember 2019, <*https://de.statista.com/statistik/daten/studie/427660/umfrage/bestand-des-erweiterten-anleihekaufprogramms-der-ezb/>* (29.01.2020) [Zugriff 2020-02-20]

Statista (Exporte, 2018): Rangfolge der wichtigsten Handelspartner Deutschlands nach Wert der Exporte im Jahr 2018, <*https://de.statista.com/statistik/daten/studie/2876/umfrage/rangfolge-der-wichtigsten-handelspartner-deutschlands-nach-wert-der-exporte/>* (07.01.2020) [Zugriff 2020-02-20]

Yahoo Finance (Kursdaten, o. J.): Historische Kursdaten Adidas AG, < *https://de.finance.yahoo.com/quote/ADS.DE/history?period1=1227567600&period2=1546642800&interval=1d&filter=history&frequency=1d>* [Zugriff 2020-02-20]